Florian Stahl | Thomas Stahl

Kunden mit System

Wie du mit einem CRM-System Kunden einfacher gewinnst, besser betreust und dauerhaft hältst

FLORIAN STAHL | THOMAS STAHL

KUNDEN MIT SYSTEM

Wie du mit einem CRM-System Kunden einfacher gewinnst, besser betreust und dauerhaft hältst

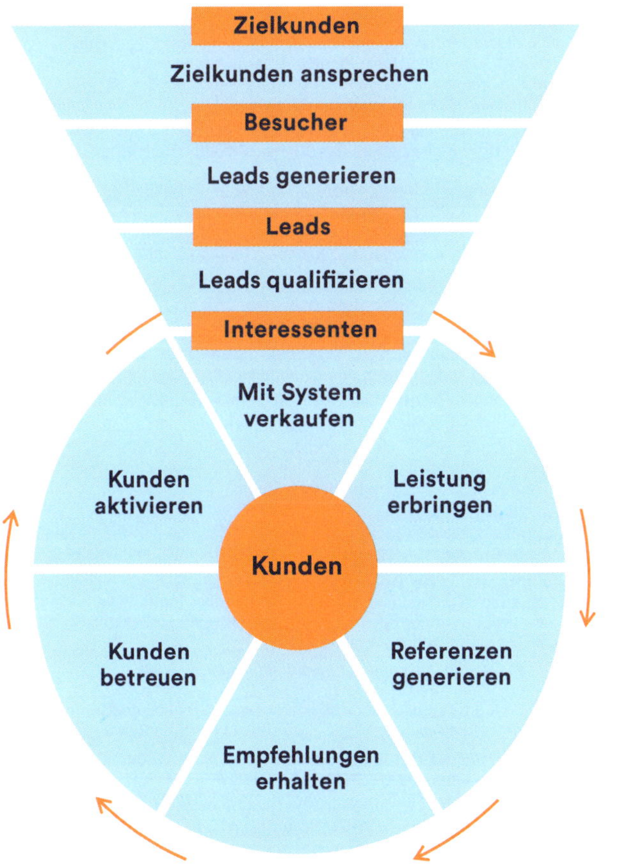

Über 50 bewährte Kunden-Systeme

IcosMedia GmbH
Dismas-Reheis-Str. 28 | D-83059 Kolbermoor

www.icosmedia.de

Trotz sorgfältigem Lektorat können sich Fehler einschleichen.
Autoren und Verlag sind deshalb dankbar für diesbezügliche Hinweise.

Aus Gründen der besseren Lesbarkeit wird auf die gleichzeitige Verwendung der Sprachformen männlich, weiblich und divers (m/w/d) verzichtet.
Sämtliche Personenbezeichnungen gelten gleichermassen für alle Geschlechter.

Druckabwicklung Auflagendruck: One World Distribution, Remscheid
Druck »Print-on-Demand«: Druckerei und Druckort siehe letzte Seite

Redaktion: Karen Christine Angermayer, www.angermayer-sorriso.com
Lektorat: Bianca Weirauch, www.lektorat-weirauch.de
Satz: Hartmut Paschke

Consulting & Projektmanagement:
Hartmut Paschke, www.hartmutpaschke.com

ISBN Hardcover: 978-3-68942-000-0
ISBN Paperback: 978-3-68942-001-7
ISBN eBook: 978-3-68942-002-4

Bibliografische Information der Deutschen Nationalbibliothek:
Die Deutsche Nationalbibliothek verzeichnet diese Publikation in der Deutschen Nationalbibliografie; detaillierte bibliografische Daten sind im Internet über http://dnb.d-nb.de abrufbar.

Die Druckausgaben werden kombiniert sowohl als Auflagendruck als auch im Print-on-Demand-Verfahren hergestellt.
Damit vermeiden wir unnötigen Papierverbrauch, Lieferstrecken und Lagerkosten.
Gleichzeitig sichern wir die Aktualität und dauerhafte Verfügbarkeit des Buches.

Lieferbar weltweit über Amazon, im D-A-CH-Raum und Norditalien auch über Zeitfracht Medien: www.zeitfracht-medien.de

Die eBook-Version ist weltweit lieferbar über Amazon Kindle (Geräte & Apps), die tolino-Allianz und zahlreiche weitere Distributoren.

22. Mai 2024

„Digitale Kunden-Systeme sind keine Kosten, sondern Investments in die Zukunft."

Thomas Stahl

Inhalt

Einstieg ins Buch

Unternehmen stehen unter Druck

Sicher ist es dir auch schon aufgefallen: Unsere Wirtschaft verändert sich gravierend. Viele Unternehmen stehen unter Druck.

Produkte und Leistungen werden immer ähnlicher, Preise immer teurer, und die **Transparenz ist größer** als jemals zuvor. Der **Wettbewerb ist härter** geworden, während gleichzeitig die **Erwartungen der Kunden gestiegen sind.** In immer kürzeren Abständen kommen **Innovationen** auf den Markt.

Neue Technologien, wie zum Beispiel die KI (künstliche Intelligenz), werden immer wichtiger. Zeitgleich wird das **Tempo immer schneller,** die **Mitarbeiter-Gewinnung** dagegen nicht leichter. Vielleicht nickst du bei dem einen oder anderen Punkt und sagst: „Jawohl, das kommt mir bekannt vor."

Die genannten Aspekte gelten auch für dein Unternehmen. Sie gelten für alle, die unternehmerisch tätig sind.

Die Frage ist: „Wie gehen wir damit um?"

Im Grunde genommen ist die Lösung sehr einfach. Ohne lange um den heißen Brei herumzureden, kann ich dir sagen:

Wir alle müssen jetzt automatisieren.

Digitalisieren und automatisieren, wo immer es geht.

Jeder deiner Wettbewerber ist dir überlegen, der bereits digitalisiert und automatisiert arbeitet. Das klingt vielleicht auf den ersten Blick hart, ist aber Fakt.

Wenn du nicht digitalisierst und automatisierst, dann bearbeitest du **wiederkehrende Aufgaben händisch.** Du machst **Flüchtigkeitsfehler.** Du brauchst **unnötig mehr Zeit** als andere. Dadurch entstehen **höhere Kosten.** Du musst **ortsgebunden arbeiten.** Wenn du mal überlastet bist und Aufgaben länger liegen bleiben, sind deine **Kunden verärgert.**

Außerdem brauchst du für alle deine Aufgaben **höher qualifizierte Mitarbeiter.** Auch das kostet dich mehr Geld. Unterm Strich bleibt für dich weniger übrig. Du kannst **Entscheidungen nur nach Gefühl** treffen und du wirst immer gegen jeden **Wettbewerber verlieren,** der automatisierter ist als du.

Der Schnellere schlägt den Langsameren. Treffender können wir es nicht formulieren.

Das bedeutet für uns alle: **Automatisierten Unternehmen gehört die Zukunft.**

In unserem Unternehmen haben wir uns speziell auf das Thema „Kunden-Systeme" spezialisiert. Denn auch hier führt kein Weg mehr an der Digitalisierung und Automatisierung vorbei.

Wir betreuen seit über 30 Jahren sehr viele Kunden, kennen also deren Kennzahlen und Dashboards und haben es in den letzten Jahren so deutlich gemerkt wie noch nie zuvor. Diejenigen, die ihre Prozesse automatisiert haben, liegen vorne.

Bonus-Bereich

In diesem Buch ist mehr für dich drin!

Exklusive Bonusmaterialien:

Lieber Leser,

als Dankeschön für den Kauf unseres Buches stellen wir dir exklusive Bonusmaterialien zur Verfügung.

Besuche unseren Downloadbereich, um auf zusätzliche Beispiele, Checklisten, Ressourcen und Vorlagen zuzugreifen, die dir helfen werden, die Strategien des Buches noch besser zu verstehen und umzusetzen.

Wir wünschen dir dabei viel Freude und Erfolg!

Bonus-Bereich zum Buch

„Kunden mit System"

www.kunden-mit-system.online/bonus

Das ICOS-Kunden-System

Bevor wir tiefer in die Themen Digitalisierung und Automatisierung einsteigen, vermitteln wir dir noch kurz ein paar Grundlagen.

Als Unternehmer beziehungsweise Unternehmerin hast du 2 Möglichkeiten, um Umsätze zu erzielen.

Du generierst deine Umsätze entweder über **Neukunden** oder über **Bestandskunden.** Das sind die beiden Wege, auf denen das Geld zu dir fließt. Und zu beiden Wegen gibt es einen passenden Funnel beziehungsweise Kreislauf: den **Neukunden-Funnel** und den **Bestandskunden-Kreislauf.**

Neukunden gewinnen mit deinem Neukunden-Funnel

Auf den folgenden Seiten zeigen wir dir, wie dein Neukunden-Funnel ausschauen sollte, damit er funktioniert.

Zielkunden-Ansprache

Wir alle haben Zielkunden, mit denen wir gern zusammenarbeiten würden. Diese Zielkunden müssen wir aktiv ansprechen. Aktiv heißt: Wir überlassen es nicht dem Zufall. Wenn uns dieser Schritt gelingt, haben wir Besucher auf unserer Website oder auf unserer Landingpage und auch auf unserem Social-Media-Profil.

Leadgenerierung

Durch den Besucher haben wir einen Erstkontakt und bei diesem müssen wir Interesse wecken, damit aus ihm ein sogenannter Lead werden kann. Ein Lead ist jemand, der zuvor anonym war. Sobald er uns seine Kontaktdaten gegeben hat, zum Beispiel seine E-Mail-Adresse oder Telefonnummer, nennen wir ihn Lead. Merke dir hier schon: Zu wenige Leads bedeuten zu wenige Neukunden.

Leadqualifizierung

Diesen Lead gilt es zu qualifizieren. Das geht folgendermaßen: Wir müssen Kontakt aufnehmen und herausfinden, ob der Lead ernsthaftes Interesse hat. Denn erst dann sprechen wir von einem Interessenten. Leads, die noch nicht qualifiziert sind, müssen weiter informiert und qualifiziert werden.

Mit System verkaufen

Mit den Interessenten gehen wir in den Verkaufsprozess. Wir vereinbaren zum Beispiel einen Termin für ein Verkaufsgespräch, bereiten dieses Treffen (online oder offline) professionell vor, präsentieren, versenden unser Angebot und erhalten hoffentlich den Auftrag.

Dies ist der Weg, den du üblicherweise gehst, um Neukunden zu gewinnen.

Bestandskunden-Aufträge mit dem Bestandskunden-Kreislauf

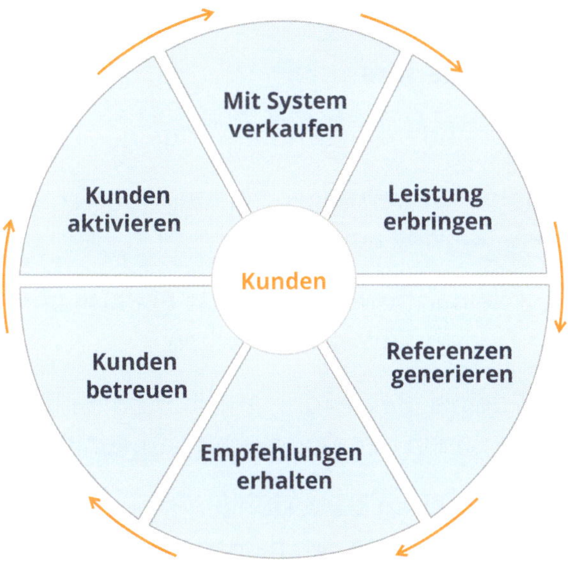

Wenn du bereits Kunden hast (Bestand) und mit ihnen weitere Umsätze erzielen möchtest, dann gibt es auch hier eine systematische Vorgehensweise.

Leistung erbringen

Wir erbringen für jeden Kunden eine Leistung (Produktlieferung oder Dienstleistung). Ganz wichtig ist an dieser Stelle, die **Erwartungen** des Kunden zu übertreffen. Wir müssen diesen Kunden begeistern. Sich nach Vertragsabschluss auszuruhen und eine 08/15-Leistung abzuliefern, reicht schon lange nicht mehr aus. Wir sollten daher immer etwas mehr bieten, als der Kunde erwartet. So kommt der **Kunden-Kreislauf** in Schwung.

Nach der Leistungserbringung ist nicht Schluss, sondern es geht erst richtig los. Wenn du clever bist, machst du an dieser Stelle weiter. Viele Unternehmen tun das nicht. Hier die nächsten Schritte:

Referenzen generieren

Bewertungen sind unverzichtbar für deinen Erfolg, denn:

Die Anzahl der Bewertungen für dein Unternehmen bestimmt dein Ranking auf Google.

Die Anzahl deiner Bewertungen hat Einfluss auf die Kosten deiner Google-AdWords-Anzeigen.

Die Anzahl deiner Bewertungen erhöht die Klickquote in Social Media und in den Google-Suchergebnissen.

Mit deiner Anzahl an Bewertungen steuerst du also die **Konvertierungs-Quote** in deinem Neukunden-Funnel. Grund ist: Die Zahl der Zielkunden, die als Besucher auf deine Seite kommen, erhöht sich deutlich durch die Anzahl deiner Bewertungen.

Wenn du dich dagegen nicht um deine Referenzen kümmerst, lässt du sehr viel Potenzial liegen. Das ist schade und für manche Unternehmen sogar existenzgefährdend.

Empfehlungen erhalten

Zu den Referenzen kommt nun noch ein wichtiger Schritt. Damit dein Bestandskunden-Kreislauf wirklich funktioniert, brauchst du ein Empfehlungssystem. Auch hier hören wir immer wieder: „Wir bekommen doch schon Empfehlungen." „Alles klar, wie viele am Tag, in der Woche, im Monat? Und wie viele dieser Empfehlungen machen einen Termin?" Wenn wir diese Fragen stellen, dann kommen die meisten ins Stocken. Natürlich erhalten viele Unternehmen hin und wieder eine Empfehlung. Doch die allermeisten haben ihr Empfehlungssystem nicht systematisiert und dadurch ist es nicht effektiv.

Dazu kommt: Wenn du keine Empfehlungen von zufriedenen Kunden bekommst, dann bist du abhängig von Google, Meta und Co. Das kann gefährlich sein und kostet auch sehr viel Geld.

Mein Bruder und ich haben unser System fürs Empfehlungsmarketing in den letzten Jahren stark weiterentwickelt. Für unsere Kunden zeigen sich dabei bemerkenswerte Ergebnisse: Jedes Unternehmen kann mit diesem System 1, 2 oder sogar 3 Empfehlungen pro Woche bekommen. Und das ohne großen Aufwand, weil voll automatisiert.

Die Automatisierung ist gerade für diejenigen wichtig, die sich im Gespräch mit Kunden schwertun, nach einer Empfehlung zu fragen, oder denen die Systeme und Abläufe im Hintergrund fehlen. An diesem Punkt versickern die meisten Empfehlungen und sind dadurch wertlos.

Kunden betreuen

Doch an dieser Stelle ist noch nicht Schluss. Selbst wenn wir den Kunden in einen Empfehler verwandelt haben, müssen wir ihn natürlich weiterhin gut betreuen. Wir sollten an seinem Geburtstag an ihn denken und ihm Glückwünsche senden. Wir könnten ihn (und natürlich auch sie) zu einem Event einladen. Wir sollten auch unbedingt regelmäßig über unsere aktuellen Angebote informieren.

Diese Art von Kundenbetreuung bewirkt, was die meisten Unternehmen vergessen: Sie bereitet Folgeaufträge vor. „Abholen" tun wir diese Folgeaufträge dann über die sogenannte Kundenaktivierung. Und die siehst du im nächsten Schritt.

Kunden aktivieren

Auch hier geht es wieder um Aktivität. Es gibt viele gute Wege, die du gehen kannst, um deine Kunden zu aktivieren. Aus dieser Aktivierung heraus ermöglichst du dir neue Verkaufschancen.

Mit System verkaufen

Wenn wir über die Aktivierung mit Kunden erneut ins Gespräch kommen und diese sagen: „Ja, ich interessiere mich für Folgeprodukt A, B oder C", dann sind wir wieder im Verkaufsprozess. Daraus entstehen neue **Aufträge,** und damit sind wir wieder in der Leistungserbringung. Jetzt sprechen wir von einem **Kunden-Kreislauf.**

Wenn du dir nun die beiden Systeme nebeneinander anschaust, dann stellst du eines fest, es sind **Systeme.**

Da ein Unternehmen beide Systeme braucht, haben wir aus dem Neukunden-Funnel und dem Bestandskunden-Kreislauf das **ICOS-Kunden-System** für dich entwickelt.

Warum eine Kombi aus beiden?

In der Praxis erleben wir sehr häufig, dass sich viele Unternehmen zu 100 Prozent auf ihre Neukundengewinnung konzentrieren. Sie vernachlässigen den Bestandskunden-Kreislauf. Ein Weg, der zunächst einfacher erscheint und schnell zu Aufträgen führen kann und trotzdem sehr aufwendig ist.

Doch vielleicht kennst du den folgenden Satz: „Es ist 7-mal teurer, einen Neukunden zu gewinnen, als Folgeaufträge aus dem Bestand zu erhalten." Wir gehen später noch genauer darauf ein.

Das ICOS-Kunden-System ist ein System, mit dem du **planbar und verlässlich** Kunden gewinnen beziehungsweise Bestands- und Folgeaufträge erhalten kannst. Die hier dargestellte Strategie ist die, mit der wir unsere Kunden seit über 20 Jahren in der Neukundengewinnung und in der Bestandskundenbetreuung begleiten.

Denn in der Praxis erleben wir immer wieder:

95 Prozent der Unternehmen haben keine funktionierenden Kunden-Systeme.

In 95 Prozent aller Unternehmen, mit denen wir in die Zusammenarbeit starten, funktionieren der Neukunden-Funnel und der Bestandskunden-Kreislauf nicht.

Die häufigsten Probleme sind:

- **Fehlende Stufen in der Neukundengewinnung beziehungsweise Bestandskundenbetreuung**

  In vielen Unternehmen fehlt eine beziehungsweise

mehrere Stufen. Bei den Unternehmen, die Neukunden gewinnen wollen, fehlt meist die Stufe der Leadgenerierung und im Bestandskunden-Kreislauf fehlen die Stufen Referenz-Marketing, Empfehlungs-Marketing und Kunden-Aktivierung.

- **Falsche Maßnahmen**

  Viele Unternehmen setzen in den verschiedenen Stufen auf Maßnahmen, die nicht zur Zielgruppe, dem Angebot beziehungsweise dem Unternehmen passen.

  Beispiel

  Jemand versucht, Kunden über Facebook zu gewinnen, obwohl sich seine Zielkunden überhaupt nicht auf Facebook aufhalten.

- **Fehlerhafte Umsetzung**

  Häufig werden die notwendigen Maßnahmen nicht richtig umgesetzt. Dies hat zur Folge, dass Ergebnisse ausbleiben beziehungsweise weit hinter den Möglichkeiten zurückliegen.

  Beispiel

  LinkedIn ist eine beliebte Methode zur Zielkunden-Ansprache, jedoch wird sie von vielen nicht richtig angewendet, sodass die Ergebnisse nur dürftig ausfallen.

- **Unregelmäßige Umsetzungs-Aktivitäten**

  Wir beobachten immer wieder, dass notwendige Maßnahmen nicht regelmäßig und konsequent angewendet werden. Nur wenn die betreffenden Aktivitäten täglich, wöchentlich oder monatlich umgesetzt werden, stellen sich planbare Ergebnisse ein.

Beispiel

Ein wesentlicher Erfolgsfaktor der Kundengewinnung sind tägliche Vernetzungs-Anfragen. Wenn nicht täglich Vernetzungs-Anfragen versendet werden, dann wird die Kundengewinnung, zum Beispiel über LinkedIn, nicht im gewünschten Maß funktionieren.

- **Falsche oder fehlende Software-Tools**

  Ohne digitalisierte und automatisierte Prozesse geht es nicht mehr. Jedes Unternehmen braucht ein CRM-System und andere Software-Tools, ohne die die Neukundengewinnung und Kundenbetreuung heute nicht mehr schnell und effizient möglich sind. Diese Tools entlasten Mitarbeiter, sparen Zeit und Kosten und sorgen für Umsatz.

  Beispiel

  Ein Unternehmen ohne ein CRM-System verzichtet auf Automatisierungen, die seinen automatisierten Wettbewerbern einen Vorteil verschaffen.

Wenn du einen oder mehrere dieser Fehler auch bei dir entdeckst, dann funktioniert dein Neukunden-Funnel beziehungsweise dein Kunden-Kreislauf nicht – oder nicht in dem Maße, wie er sollte. Anders gesagt: Deine Kunden-Systeme laufen nicht rund.

Hand auf's Herz, wie schaut's bei dir aus?

Wenn du einen oder vielleicht sogar mehrere dieser Fehler auch in deinem Unternehmen erkannt hast, dann weißt du, dass du aktuell nicht auf Erfolgskurs bist.

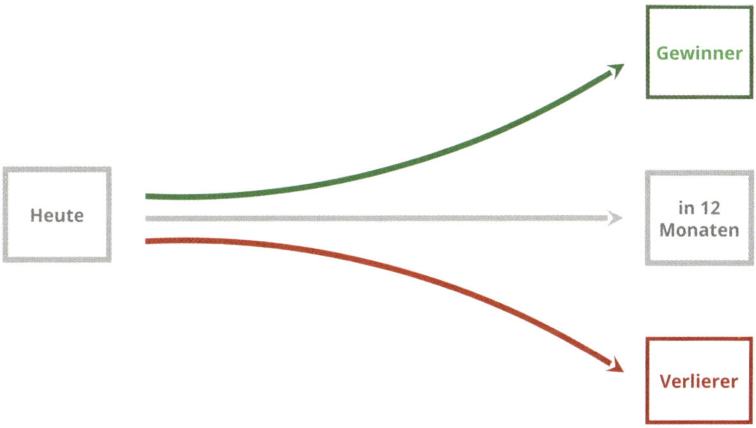

Wenn du also so weitermachst wie bisher, dann wird es für dich und dein Unternehmen immer schwieriger, am Markt zu bestehen. Es wird auch immer aufwendiger, schwerer und teurer, den Kurs zu korrigieren. Im schlimmsten Falle ist eines Tages eine Kurs-Korrektur nicht mehr möglich.

Mit digitalen Kunden-Systemen auf Erfolgskurs

Wenn du bereits auf Erfolgskurs bist beziehungsweise wieder zurück auf Erfolgskurs kommen möchtest, brauchst du digitale, automatisierte Kunden-Systeme.

Eine Grundregel lautet: Was automatisiert werden kann, sollte automatisiert werden.

Wann immer du es nicht tust, verzichtest du auf viele Vorteile und gehst große Risiken ein.

Ein einfaches Beispiel: Referenzen

Wir sprachen schon über deren Wichtigkeit. Wie viele Bewertungen bekommst du pro Tag, in der Woche und im Monat? Und warum bekommt das eine Unternehmen eine oder mehrere Bewertungen am Tag, ein anderes Unternehmen dagegen nur eine Bewertung im Monat oder gar keine?

Der Schlüssel zu regelmäßigen Bewertungen ist ein **Bewertungssystem:** Dein Unternehmen braucht ein System, das jeden Tag voll automatisiert positive Bewertungen für dich generiert.

Dieses Beispiel lässt sich auf alle Bereiche übertragen, die du automatisieren solltest. Insgesamt gibt es 12 Gründe, warum jedes Unternehmen digitalisieren und automatisieren sollte:

12 Gründe, warum du digitalisieren und automatisieren solltest

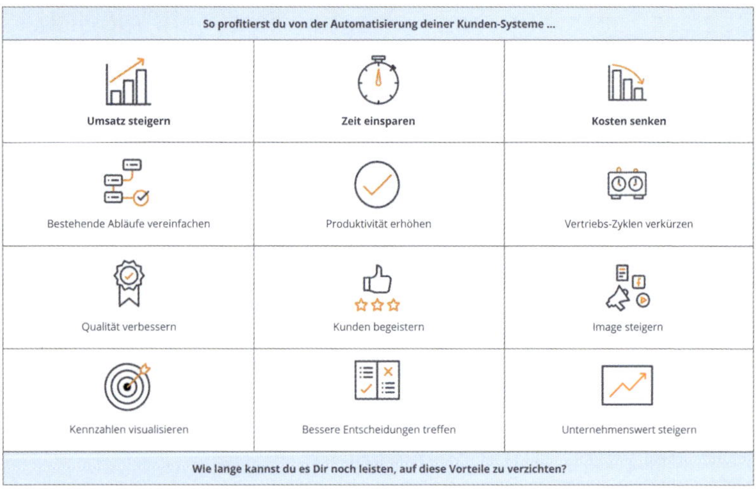

Die meisten Unternehmen möchten ihren Gewinn steigern. Dies kann durch Mehr-Umsatz geschehen oder auch dadurch, dass Zeit eingespart und Kosten gesenkt werden. Die Frage ist also nicht unbedingt „Wie mache ich noch mehr Umsatz?“, sondern: „Wie erreiche ich meinen Umsatz effizienter, mit weniger Aufwand, weniger Fehlern, mit einer höheren Mitarbeiterzufriedenheit und höherer Kundenzufriedenheit?“

Bei genau diesen Dingen hilft dir die Digitalisierung und Automatisierung deiner Kunden-Systeme.

Bei näherer Betrachtung wirst du feststellen, dass du viele deiner Abläufe vereinfachen kannst und dadurch viel produktiver bist. Dies gilt für alle Bereiche in deinem Unternehmen:

Die Vertriebs-Zyklen verkürzen sich. Die Zeitspanne von der Anfrage bis zum Auftrag wird kleiner.

Die Qualität in deinem Unternehmen verbessert sich.

Deine Kunden sind begeisterter.

Dein Image, deine Mitarbeiter- und Kundenzufriedenheit werden sich verbessern.

Wenn du digital arbeitest, kannst du alle Ergebnisse mit Kennzahlen analysieren und in Dashboards visualisieren. So hast du alle wichtigen Kunden-Systeme immer im Blick. Du weißt jeden Tag, zu jeder Stunde und in jeder Minute exakt, wo du stehst.

Übrigens: Wenn du deine Kennzahlen im Blick hast, kannst du auch bessere Entscheidungen treffen.

Solltest du dein Unternehmen eines Tages veräußern oder übergeben wollen, können wir dir heute schon sagen: Dein Unternehmen wächst an Wert, je mehr Systeme du hast.

Wenn du alles selbst erledigst, wirst du dein Unternehmen nie verkaufen oder übergeben können. Für viele Soloselbstständige und Unternehmer ist dies für ihre Altersvorsorge ein wesentlicher Baustein: ein Unternehmen aufzubauen, das sie später abgeben können.

Wenn du im Gegenzug kein Unternehmen hast, sondern genau genommen nur ein angestellter Mitarbeiter in deinem Unternehmen bist, der alle Aufgaben erledigt, dann ist dein Unternehmen nichts wert. Verstehst du, worauf wir hinauswollen?

An dieser Stelle möchte ich dich beruhigen: Automatisierung und Digitalisierung sind lernbar. Und du erfährst in diesem Buch genau von uns, wie deine Kunden-Systeme aussehen sollten und worauf du achten solltest.

Wir zeigen dir Schritt für Schritt, wie du mit einem funktionierenden Neukunden-Funnel und einem Bestandskunden-Kreislauf planbar und verlässlich deine Umsatz-Ziele erreichst.

Thomas und Florian Stahl

IcosAkademie & IcosMedia: Wer wir sind

An dieser Stelle zeigen wir dir kurz, wer wir sind und wie wir arbeiten.

Unsere **IcosAkademie** ist seit über 40 Jahren tätig im Bereich der Unternehmensberatung mit den Schwerpunkten Beratung, Training und Coaching. Spezialisiert sind wir auf die Themen **Strategie und Geschäftsmodelle, Neukundengewinnung, Kundenbetreuung** und auf die **Digitalisierung und Automatisierung von Geschäftsprozessen.**

Unser zweites Unternehmen, die **IcosMedia,** ist unser **CRM-Systemhaus.** Mit diesem Unternehmen, das seit 10 Jahren auf dem Markt ist, machen wir alle Geschäftsprozesse unserer Kunden effizienter. Hierzu nutzen wir **Zoho One – das Betriebssystem für Unternehmen.** Wir unterstützen Unternehmen bei der **Einführung von Zoho** und helfen ihnen dabei, mit **Zoho CRM und den anderen Zoho Anwendungen** ihre Prozesse so zu digitalisieren und zu automatisieren, womit wertvolle Zeit eingespart und der Umsatz gesteigert wird.

Was uns auszeichnet: Im Vergleich zu den anderen Anbietern auf dem Markt bringen wir mit diesen beiden Firmen die wesentlichen Welten zusammen, die **Prozesse und die Technik.** Dies hebt uns von allen anderen Mitbewerbern ab und lässt uns für unsere Kunden die besten und nachhaltigsten Lösungen finden.

Kurz-Vorstellung IcosAkademie & IcosMedia

Gegründet wurde die **IcosAkademie** im Jahr 1982 von unseren Eltern Gabriele und Hartmut Stahl. Heute führen wir den Familienbetrieb in der zweiten Generation. Wir sind beide Geschäftsführer und leiten 20 Mitarbeiter an unseren 3 Standorten in Rosenheim bei München, in Österreich und in der Schweiz.

In Bewertungs-Portalen, wie zum Beispiel ProvenExpert.com, wurden wir mit über 1.000 5-Sterne-Bewertungen top bewertet. Aktiv betreuen wir über viele Kunden im Bereich CRM (Customer Relationship Management).

Wir analysieren mit diesen detailliert: Welche Prozesse funktionieren und welche (noch) nicht? Welche Kampagnen funktionieren und welche nicht? Dann wird nachgesteuert, bis alles auf Erfolgskurs ist.

Eben mit dieser Kombination aus **Unternehmensberatung und Technik** können wir dir und deinem Unternehmen genau die Lösungen präsentieren, mit denen du aktiv deinen Erfolg in der Zukunft steuern kannst.

Schritte der Zusammenarbeit – so können wir dich unterstützen

Unsere Produkte und Dienstleistungen bieten wir in verschiedenen Produktgruppen an. Zum Einstieg gibt es regelmäßige **Best-Practice-Webinare** „Kunden mit System“. Daneben finden einmal im Monat unsere **Best-Practice-Trainings** „So verkauft man heute“ und „Das perfekt automatisierte Unternehmen“ statt.

Darüber hinaus bieten wir Unternehmen die sogenannte **Umsetzungsbegleitung.**

Außerdem haben wir **Schnellstartangebote** eingerichtet, wie zum Beispiel Beratung, die **Zoho Grundeinrichtung,** sowie weitere wichtige Checks und Umsetzungskonzepte.

In einem für dich kostenfreien Umsetzungs-Gespräch besprechen wir deine aktuelle Situation, geben Empfehlungen und Tipps für die Digitalisierung und Automatisierung deiner Kunden-Systeme und erstellen dein Umsetzungs-Konzept.

Kostenfreies Umsetzungs-Gespräch „Kunden mit System“

Vereinbare jetzt dein kostenfreies Umsetzungs-Gespräch „Kunden mit System“, in dem wir mit dir dein Umsetzungs-Konzept erstellen:

www.kunden-mit-system.online/umsetzung

Der ICOS-Neukunden-Funnel

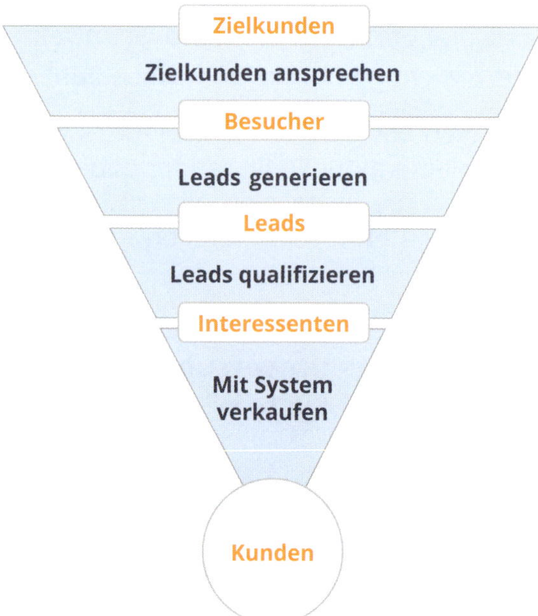

Die 4 Stufen in der Abbildung haben wir uns bereits weiter vorne angeschaut. Wenn du neue Kunden gewinnen möchtest, solltest du diese 4 Stufen **jeden Tag, jede Woche, jeden Monat konsequent** in deinem Unternehmen umsetzen. Oder Systeme verwenden, die dies für dich erledigen.

In der folgenden Abbildung siehst du den Neukunden-Funnel in digitaler Form. So sieht er aus, wenn er fertig ist.

Auf den ersten Blick erscheint er dir vielleicht etwas komplex. Doch keine Sorge: Wir erklären dir alles Schritt für Schritt.

Neukundengewinnungs-Funnel

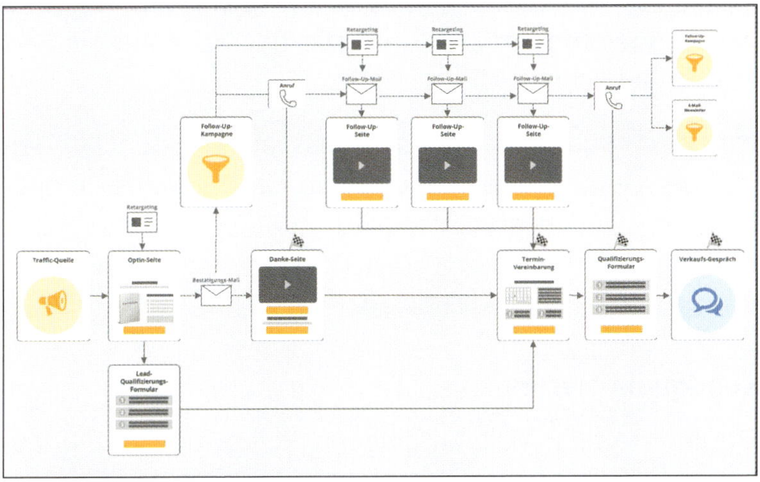

Abbildung: Neukundengewinnungs-Funnel

Zielkunden-Ansprache

Ganz am Anfang steht deine Traffic-Quelle (siehe links in der Abbildung). Eine Traffic-Quelle kann vieles sein: Du nutzt möglicherweise LinkedIn oder Google, Meta (Facebook, Instagram), YouTube oder TikTok. Vielleicht kommen deine Kunden auch über Empfehlungen zu dir.

So oder so: Eine Traffic-Quelle brauchst du in jedem Fall. Ohne Traffic-Quelle passiert gar nichts.

Leadgenerierung

Auch ein Leadgenerierungs-Prozess ist ein Prozess, den du als Unternehmen brauchst. Die Kunden sollen sich bei dir eintragen können und dir ihre E-Mail-Adresse, Telefonnummer und so weiter hinterlassen. Damit wird der Lead generiert. Von dort aus gibt es verschiedene Wege und auch Abkürzungen: Dein Kunde könnte zum Beispiel direkt von der Danke-Seite auf die Terminvereinbarung gehen oder von der Leadqualifizierungsseite auf die Terminvereinbarung.

Natürlich wünschen wir uns, dass die meisten Kunden aus der Leadgenerierung direkt in den Verkaufs-Prozess kommen. Und es gibt tatsächlich Kunden, die schnell den nächsten Schritt gehen wollen. Doch was bieten wir denen an, die noch nicht so weit sind?

Leadqualifizierung

Durch Anrufe, E-Mail-Kampagnen, Follow-ups und Video-Calls stellen wir sicher, dass der Lead auch wirklich ein potenzieller Kunde für uns ist. Das ist die Leadqualifizierung. Unserer Erfahrung nach ist dieser Punkt die wichtigste Systematik, die jedes Unternehmen braucht.

Denn die Frage lautet: Wie gehe ich mit den Leads um, die ich als Unternehmen eingesammelt habe? 95 Prozent der Unternehmen machen hier die größten Fehler.

Verkaufen

Jetzt kommt es zur Terminvereinbarung, zur weiteren Qualifizierung und zum Verkaufsgespräch.

Fertig!

Du siehst anhand dieser Grafik gut: Der gesamte Prozess lässt sich voll automatisieren, von der ersten Kontaktaufnahme bis hin zum Verkaufsgespräch. Einfacher geht's nicht!

Und ein solches System solltest du in deinem Unternehmen haben.

Ohne System musst du alles von Hand machen. Und wir haben dir schon weiter vorne in diesem Buch beschrieben, wohin dies führt. Unser Ziel mit diesem Buch ist es, dir die Vorgehensweise genau zu erklären, damit du verstehst, wie die Neukundengewinnung funktioniert. Auf leichte, effiziente Weise.

Starten wir mit dem ersten Schritt.

Stufe 1 – Zielkunden ansprechen

Vom unsichtbaren Anbieter zum omnipräsenten Experten

Auf dieser Stufe geht es darum, wie du die Zielkunden, die du gerne hättest, aktiv ansprichst und einen Erstkontakt herstellst.

Stell dir das System wie einen Trichter vor: Wenn von oben keine neuen Zielkunden hineinkommen, kann unten kein Kunde rauskommen.

Hier legst du die Basis dafür, dass du von einem unsichtbaren Anbieter zu einem omnipräsenten Experten wirst. Deine Kunden sollen dich wahrnehmen – nicht deine Mitbewerber –, wenn sie nach einer Lösung für ihr Problem suchen.

Du erinnerst dich: Unser zentrales Ziel ist es hier, den Erstkontakt herzustellen.

Wir wollen Aufmerksamkeit erzeugen. Interesse wecken. Und die Zielgruppe identifizieren.

Wie schaut es in der Praxis aus?

Probleme

Viele Unternehmen sind noch zu stark **mit alten Akquise-Maßnahmen, Broschüren, Flyern und klassischen Mailings unterwegs.** Wisse: Werbung funktioniert heute nicht mehr so wie noch vor 5 oder 10 Jahren.

Viele Unternehmen sind außerdem zu stark **abhängig von Offline-Aktivitäten,** wie Netzwerktreffen, Events, Veranstaltungen, Messen. Durch die Pandemie sind inzwischen die meisten mit Online-Aktivitäten vertraut. Sich offline zu begegnen, ist natürlich weiterhin toll, aber das sollte ein Bonus sein. Dein Unternehmen muss komplett online funktionieren.

Wir wissen nicht, welche Überraschungen die Zukunft für uns bereithält. Besser, du verfügst über eine Strategie, mit der du auch zukünftig unabhängig von Offline-Maßnahmen bist.

Doch Achtung (Obacht, wie man bei uns so schön sagt), während der Pandemie haben viele sofort auf online umgestellt und festgestellt: Ganz so einfach ist Online-Marketing auch nicht. Es wurde viel **Geld mit Werbung verbrannt,** weil Fehler gemacht wurden in der Nutzung von Google Ads, Facebook Ads, Instagram, LinkedIn und so weiter.

Eines stellen wir darüber hinaus immer wieder fest: Die meisten Unternehmen haben viel **zu wenige Zielkunden-Kontakte.**

Kommt dir das bekannt vor? Sei ehrlich.

Aber keine Sorge: So muss es nicht sein und auch nicht bleiben.

Chancen

Wir können andere Menschen heute so **einfach und zeitgemäß ansprechen** wie noch nie. Du kannst zum Beispiel in LinkedIn bewusst nach Zielkunden recherchieren und Entscheider direkt kontaktieren.

Gerade LinkedIn ist ein schönes Beispiel für eine **kostengünstige Methode, um einen Erstkontakt zu Zielkunden herstellen.**

Auch Anzeigen, damit meinen wir bezahlte Ads auf Google, YouTube und Meta (Facebook, Instagram), sind Möglichkeiten, direkt deine Zielkunden anzusprechen. Mit solchen Anzeigen kannst du sehr **schnell einen Return on Invest** erzielen. Vorausgesetzt, du kennst deine Klickpreise und deine Konvertierungs-Quote. Dazu später mehr.

Mit den richtigen, für dich passenden Maßnahmen und der korrekten Umsetzung gelingt es dir, **jeden Tag Zielkunden-Kontakte** zu knüpfen und deinen Neukunden-Trichter von oben zu füllen.

Denke immer daran: Wenn von oben nichts in den Trichter hineinkommt, kann unten nichts rauskommen.

Was sind die für dich wichtigsten Maßnahmen? Was solltest du unbedingt haben oder tun?

Zielgruppen-Ansprache mit System

Website

Die Website ist deine wichtigste Plattform. Wir unterscheiden zwischen 3 verschiedenen Arten von Websites:

- **Image-Website,**
- **Neukunden-Website,**
- **Bestandskunden-Website.**

Je nachdem, welche Art von Website du hast, gibt es unterschiedliche Funktionalitäten. Viele klagen darüber, dass sie eine Website haben, aber keine Anfragen generieren. Die Ursache dafür liegt oftmals nicht in der Website an sich, sondern in der fehlenden Funktionalität.

Content-Marketing

Die zweite wichtigste Maßnahme ist dein Social-Media- oder Content-Marketing. Sichtbarkeit schlägt Kompetenz.

Du kannst noch so kompetent in deinem Thema sein – wenn dich keiner kennt, machst du kein Geschäft. Du musst sichtbar werden, und zwar bei genau den Zielkunden, die du gerne haben möchtest.

Dies gelingt am besten darüber, indem du etwas veröffentlichst. „Heißt das, ich muss 3-mal pro Woche etwas auf Facebook, Instagram oder LinkedIn posten?“ Nein. Es gibt bessere Strategien. Wir sagen: Gerade im Zeitalter von KI solltest du nicht noch mehr künstlich generierten Content veröffentlichen. Ein Video oder auch eine ganze Reihe von Videos auf YouTube, die über Suchmaschinen gefunden werden und über Jahre verfügbar sind, sind zum Beispiel viel wirkungsvoller und nachhaltiger. Es gibt noch viele weitere gute Content-Marketing-Strategien, dazu später mehr.

Kalt-Akquise

Dieses Thema, das viele der Vergangenheit zuordnen, ist heute wieder aktueller denn je. Kalt-Akquise bietet dir die sehr einfache Möglichkeit, deine Zielkunden direkt per Telefon, Brief oder E-Mail anzusprechen.

Je nachdem, in welchem Bereich du unterwegs bist (B2B, B2C), gibt es einige rechtliche Besonderheiten zu berücksichtigen, damit du rechtskonform agierst.

Social-Selling in LinkedIn

Unserer Erfahrung nach eine der besten Strategien, die es im Moment gibt.

Die meisten unserer Kunden nutzen LinkedIn, um täglich Leads über LinkedIn zu generieren. Aber auch hier gilt: Konsequentes Umsetzen ist Voraussetzung. LinkedIn funktioniert nur dann, wenn du täglich 2 Dinge tust:

Vernetzungs-Anfragen und Messenger-Nachrichten versenden.

Aktuell kannst du pro Tag 40 Vernetzungs-Anfragen verschicken und 150 Messenger-Nachrichten. Lässt du eines dieser beiden Dinge außer Acht, wird dein LinkedIn-System zur Kundengewinnung nicht funktionieren. Dann bekommst du vielleicht den ein oder anderen Kontakt, doch das ist noch kein System. Wir wollen Systeme haben, die planbar und verlässlich Ergebnisse erzielen.

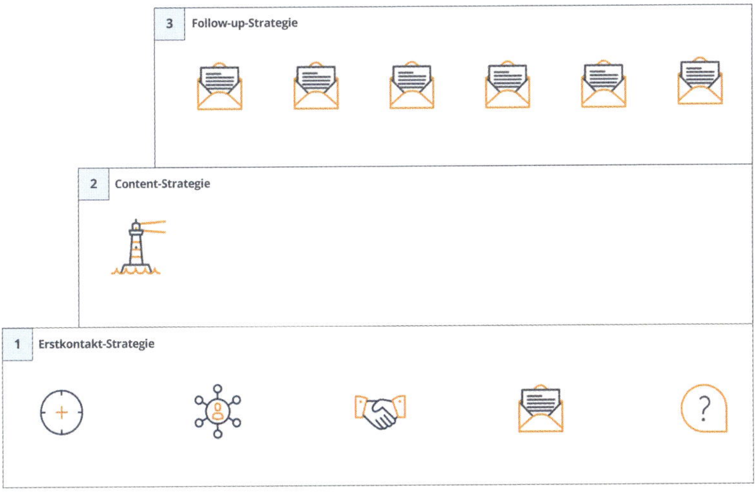

Online-Anzeigen

Google war das erste Unternehmen, das Online-Anzeigen auf den Markt gebracht hat. Jemand gibt ein Keyword ein und zu diesem Keyword kannst du eine Anzeige schalten.

Nach wie vor ist dies eine großartige Technik, doch heute

gibt es neben Google noch weitere Plattformen, wir haben sie schon genannt: Facebook, Instagram und LinkedIn.

Im Vergleich zur Zeitungswerbung zahlst du hier nicht für das Erscheinen der Anzeige, sondern für die Klicks, die Interessierte auf dieser Anzeige machen. Das nennt man auch Performance-Marketing.

Du bezahlst also nur, wenn andere klicken. Ein Beispiel: Ein Klick kostet dich 1 € und du erhältst 1.000 Klicks. Dann sind das 1.000 € und du hast dafür 1.000 Zielkunden auf deiner Webseite. Jetzt brauchst du eine Webseite, mit der du diese 1.000 Besucher in Umsatz verwandelst (auch hier: ein System!).

Anzeigen sind heute eine der besten und wirkungsvollsten Techniken, die du nutzen kannst, weil sie einfach zu erstellen sind, schnell funktionieren und du direkt deine Zielkunden auf deine Seite bringst.

Partner-Marketing

Die Frage dahinter lautet: Wer hat bereits die Kunden, die ich gerne hätte? Und wie kann ich diese Art von Multiplikatoren dazu gewinnen, mich und mein Thema vorzustellen?

Multiplikatoren sind Zielkunden-Besitzer und nach ihnen kannst du recherchieren. Das können Vereine, Verbände und Online-Communities sein. Zu diesen Gruppen nimmst du Kontakt auf und stellst dich und deinen Nutzen für die Zielkunden vor. Ihr vereinbart zum Beispiel ein gemeinsames Webinar, in das der Zielkunden-Besitzer seine Mitglieder beziehungsweise Kunden einlädt, und du führst das Webinar durch.

Auf diese Weise entsteht eine Win-win-win-Situation für 3 Seiten. Der Multiplikator bietet seiner Gruppe einen nutzvollen Mehrwert und du kannst im Webinar auf dich, dein Thema und deine Angebote aufmerksam machen und die Mitglieder profitieren von wertvollen Empfehlungen und Tipps.

Das CRM-System in der Zielkunden-Ansprache

Für die professionelle Zielkunden-Ansprache brauchst du ein CRM-System, das folgende Funktionen übernimmt:

- einfache Verwaltung von Kontakten, Firmen und Verkaufs-Chancen,
- Akquise-Pipeline für die Kalt-Akquise,
- dynamische Akquise-Listen für die Wiedervorlage,
- Prozess-Vorlagen für ein einheitliches Vorgehen bei Akquise-Kampagnen,
- Kampagnen-Tracking, um die Effektivität von Maßnahmen auszuwerten.

Häufig gemachte Fehler bei der Zielkunden-Ansprache

- **Falscher Kommunikations-Kanal**

  Die gewählte Zielkunden-Ansprache, zum Beispiel über Facebook, passt nicht zu deiner Zielgruppe.

- **Keine konsequente Zielkunden-Ansprache**

  Die Zielgruppe wird nicht regelmäßig, jeden Tag, jede Woche, jeden Monat über einen längeren Zeitraum aktiv angesprochen.

- **Falsche Ansprache**

  Die Zielkunden sehen zwar die Anzeigen, reagieren jedoch nicht. Das passiert, wenn zum Beispiel eine Anzeige als Thema für die Zielgruppe nicht relevant ist.

Diese Fehler führen dazu, dass Unternehmen zu wenige qualifizierte Zielkunden-Kontakte haben.

Mit der richtigen Strategie planbar und verlässlich Erstkontakte schaffen

Fassen wir zusammen: Diese erste Stufe der Zielkunden-Ansprache ist nicht besonders herausfordernd. Doch sie muss richtig und konsequent umgesetzt werden.

Und auch hier gilt: Entweder du machst alles von Hand oder du nutzt praxisbewährte Strategien und Systeme.

Wir nutzen für das Content-Marketing unserer Kunden **Suchmaschinenoptimierungs-Strategien (SEO).** Diese Strategien sorgen dafür, dass du sichtbar bist, deine Zielkunden auf dich aufmerksam werden und so auf deine Webseite und deine Social-Media-Profile kommen.

Bei der Kalt-Akquise setzen wir **Kalt-Akquise-Strategien** ein. Auch dahinter liegt ein komplettes System, mit dem du deine Zielkunden Schritt für Schritt ansprichst.

Weiterhin setzen wir für unsere Kunden **LinkedIn-Strategien** ein, die mit einer speziellen LinkedIn-Software umgesetzt werden. Diese Software spricht deine Zielkunden täglich professionell auf LinkedIn an, versendet Vernetzungs-Anfragen und macht bestehende LinkedIn-Kontakte auf dich und deine Angebote aufmerksam.

Auch beim Thema Anzeigen überlassen wir für unsere Kunden nichts dem Zufall: Wir arbeiten mit konkreten **Anzeigen-Strategien,** die über Google, Meta und andere Netzwerke Zielkunden ansprechen und wirkungsvoll auf die Angebote aufmerksam machen.

Und – du ahnst es bereits – auch bei Partner-Marketing brauchst du eine **Partner-Strategie,** mit der du täglich mögliche Multiplikatoren recherchierst und Kontakt zu den Entscheidern aufnimmst.

Du erkennst auch hier, wie wichtig Systeme für dich sind: Denn wenn du keine Systeme hast, dann steht dein ganzes Unternehmen still, wenn du im Urlaub bist, mal krank bist oder aus anderen Gründen über längere Zeit nicht arbeiten kannst.

Unser Tipp: Achte darauf, dass du deine Zielkunden-Ansprache so weit wie möglich digitalisierst und automatisierst.

Die Wichtigkeit von Kennzahlen und Dashboards

Wir sprachen schon von Kennzahlen. Hier noch einmal der Hinweis: Kennzahlen sagen dir jederzeit, wo du stehst. Nur wenn du ein CRM-System hast, kannst du Kennzahlen erheben, sie in Dashboards visualisieren und damit dein Unternehmen steuern.

Selbstcheck – Zielkunden-Ansprache

In diesem Kapitel hast du gelernt, wie wichtig die Zielkunden-Ansprache in der Neukundengewinnung ist und mit welchen Lösungen du Zielkunden wirkungsvoll ansprichst und den Erstkontakt herstellst.

Die nachfolgenden Fragen helfen dir zu überprüfen, wie erfolgreich die Zielkunden-Ansprache in deinem Unternehmen funktioniert.

Wie erfolgreich nutzt du deine Webseite, um über Content-Marketing, Suchmaschinen-Optimierung Zielkunden aktiv anzusprechen?

nicht erfolgreich			teilweise erfolgreich				sehr erfolgreich		
1	2	3	4	5	6	7	8	9	10

Wie erfolgreich nutzt du Kalt-Akquise am Telefon bzw. auf Events, um Zielkunden aktiv anzusprechen?

nicht erfolgreich			teilweise erfolgreich				sehr erfolgreich		
1	2	3	4	5	6	7	8	9	10

Wie erfolgreich nutzt du Social-Selling in Facebook und LinkedIn, um Zielkunden aktiv anzusprechen?

nicht erfolgreich			teilweise erfolgreich				sehr erfolgreich		
1	2	3	4	5	6	7	8	9	10

Wie erfolgreich nutzt du Online-Anzeigen auf Google, Meta (Facebook, Instagram) YouTube und Co., um Zielkunden aktiv anzusprechen?

nicht erfolgreich			teilweise erfolgreich				sehr erfolgreich		
1	2	3	4	5	6	7	8	9	10

Wie erfolgreich nutzt du Partner-Marketing (Kooperations-Partner, Multiplikatoren und Affiliates), um Zielkunden aktiv anzusprechen?

nicht erfolgreich			teilweise erfolgreich				sehr erfolgreich		
1	2	3	4	5	6	7	8	9	10

Wie erfolgreich hast du deine CRM-Prozesse in der Zielkunden-Ansprache digitalisiert und automatisiert?

nicht erfolgreich			teilweise erfolgreich				sehr erfolgreich		
1	2	3	4	5	6	7	8	9	10

Ergebnis der Zielkunden-Ansprache

Wie erfolgreich ist deine Zielkunden-Ansprache?

Zähle jetzt die Punkte der 6 Fragen zusammen und du siehst, wie erfolgreich deine Zielkunden-Ansprache aktuell ist.

nicht erfolgreich	teilweise erfolgreich	sehr erfolgreich
1 bis 18 Punkte	19 bis 42 Punkte	43 bis 60 Punkte

Dieser Schnellcheck gibt dir einen ersten Eindruck, wie erfolgreich die Zielkunden-Ansprache in deinem Unternehmen ist und welche Lösungen du in deinem Unternehmen jetzt umsetzen solltest.

Auswertung

1 bis 18 Punkte

Deine Zielkunden-Ansprache ist nicht erfolgreich und du hast dringenden Handlungsbedarf.

19 bis 42 Punkte

Deine Zielkunden-Ansprache ist teilweise erfolgreich. Du hast einige funktionierende Prozesse in der Zielkunden-Ansprache, die du jedoch weiter verbessern solltest.

43 bis 60 Punkte

Herzlichen Glückwunsch, du hast viele Prozesse in der Zielkunden-Ansprache erfolgreich umgesetzt und bist für viele Zielkunden bereits sichtbar und generierst Erst-Kontakte.

Fazit

Die Zielkunden-Ansprache ist eine wichtige Stufe im Kunden-Kreislauf, die dafür verantwortlich ist, dass du vom unsichtbaren Anbieter zum omnipräsenten Experten wirst und erfolgreich einen Erst-Kontakt mit deinen Zielkunden herstellst.

Aktionsplan

Welche Herausforderungen und Probleme hast du erkannt, die in deinem Unternehmen nicht richtig funktionieren und dafür verantwortlich sind, dass deine Zielkunden-Ansprache noch nicht die gewünschten Ergebnisse erzielt?

1. ______________________________

2. ______________________________

3. ______________________________

4. ______________________________

5. ______________________________

Stufe 2 – Leads generieren

Anonyme Besucher in neue Leads verwandeln

Auf der vorigen Stufe haben wir unsere Zielkunden aktiv angesprochen und auf unsere Website gebracht. Und jetzt geht es darum, wie du Interesse weckst und anonyme Kontakte in neue Leads verwandelst.

Diese Zielkunden sind im Moment noch anonym auf unserer Website oder den Social-Media-Profilen unterwegs. Jetzt geht es darum, ihre Kontaktdaten datenschutzkonform zu generieren. Zur Erinnerung: Wenn wir die Kontaktdaten generiert haben, sprechen wir nicht mehr von anonymen Besuchern, sondern von Leads.

Wie funktioniert Leadgenerierung?

Indem wir unseren Besuchern einen **Lead-Magneten anbieten.** Das kann zum Beispiel ein einfaches Anfrageformular auf unserer Website sein. Ziel des Formulars ist es, **Anfragen zu erhalten** und uns dadurch die **Erlaubnis zur Kommunikation einzuholen** und damit auch zur werblichen Ansprache für Folgekontakte.

Wie schaut es in der Praxis aus?

Probleme

Die meisten **Unternehmen haben keine oder nur einzelne Lead-Magneten,** dadurch generieren sie nur sehr wenige Leads.

Die meisten Unternehmen haben **nur ein Kontaktformular** und wundern sich, wenn sich keiner einträgt. Hast du gewusst: Ein Kontaktformular hat eine Eintragungs-Quote (Opt-in-Rate) von durchschnittlich 0,25 Prozent. Das ist nichts!

Darüber hinaus haben die meisten **Betriebe überhaupt keine Leadgenerierungs-Kennzahlen.** Sie können nicht nachprüfen, welche Lead-Magneten überhaupt funktionieren und woher der Traffic kommt, der konvertiert. Wer nichts weiß, kann nichts verbessern!

Die Folge: Du hast zwar Besucher auf deiner Seite, doch es kommen keine Leads dabei heraus.

Chancen

Du benötigst also **viele attraktive Lead-Magneten,** die anonyme Besucher für dich in Leads verwandeln.

Schon wenn du deine **Kontaktformulare durch Anfrageformulare ersetzt,** erhältst du sofort mehr qualifizierte Anfragen.

Unsere dringende Empfehlung: Beginne, Leadgenerierungs-Kennzahlen zu erheben und diese in Dashboards zu visualisieren. Nur so siehst du, wie viele Leads jeden Tag eintreffen, durch welche Zielkunden-Ansprache und über welchen Lead-Magneten. Daran erkennst du genau, welche Leadgenerierung für dich am besten funktioniert, und kannst deine Strategie weiter optimieren.

Du wirst feststellen: Leads generieren kann sehr einfach sein. Und jeder, wirklich jeder kann dies umsetzen.

Wie alle Stufen in der Neukundengewinnung ist die Leadgenerierung etwas, das du nicht dem Zufall überlassen solltest. Daher zeigen wir dir im Folgenden eine systematische Vorgehensweise.

Leadgenerierung mit System

Leadgenerierung mit Lead-Magneten

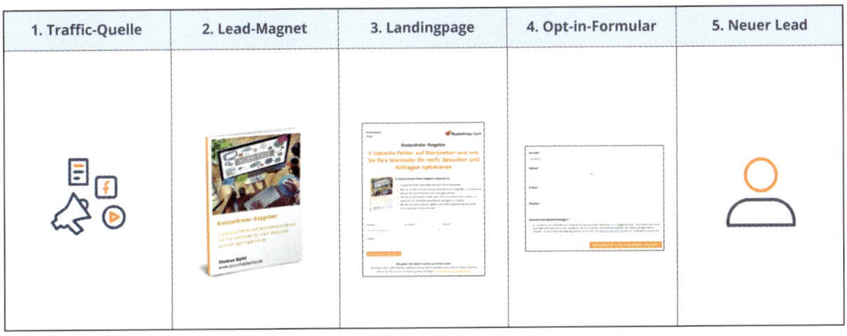

Ein Lead-Magnet ist ein kostenfreies Kennenlernangebot. Du stellst es auf deine Website, Landingpage oder in deine Social-Media-Kanäle. Es sollte so wertvoll sein, dass dein Besucher dir dafür seine Kontaktdaten gibt. Beispiele für Lead-Magneten sind: Broschüren, Checklisten, Reports, Vorlagen, Videos oder Schnell-Checks.

Umso mehr Lead-Magneten du hast, umso mehr Leads wirst du generieren. Wir empfehlen dir, nicht nur einen oder 2, sondern 20, 30 oder 40 Lead-Magneten aktiv anzubieten.

In unserem Training „So verkauft man heute" zeige ich den Teilnehmern gerne die Case Study eines Projektmanagement-Trainers, der als Solo-Selbstständiger aktiv ist. Er nutzt als Lead-Magnet **Microsoft-PowerPoint-Vorlagen** zum Thema Projektmanagement. Dazu bietet er circa 200 Lead-Magneten an.

Wohlgemerkt: Er ist Solo-Selbstständiger und hat kein Unternehmen mit 25 Mitarbeitern. Mit seiner Strategie generiert er am Tag zwischen 50 und 100 Leads über seine Website.

Wie schon gesagt: Jeder kann auf einfache Weise Leads generieren. Grundlage ist, dass du **viele für deine Zielgruppe relevante Lead-Magneten** erstellst und aktiv anbietest.

Es darf hier auch nicht die Ausrede gelten „Ich habe keine Zeit". Leadgenerierung ist ein elementarer Bestandteil der Neukundengewinnung und Lead-Magneten sind der entscheidende Erfolgsfaktor, damit du Anfragen generierst.

Wenn du es dir zur Gewohnheit machst, jede Woche einen neuen Lead-Magneten zu veröffentlichen, dann wirst du genügend Anfragen und Leads generieren. Setze es dir zum Ziel, regelmäßig neue Lead-Magneten zu erstellen. Lege es dir als Aufgabe in den Kalender, plane Zeit dafür ein.

Wir stellen unseren Kunden einen **Lead-Magneten-Baukasten** zur Verfügung. Dieser besteht aus 18 Content-Bausteinen, die du in einen Lead-Magneten integrieren kannst. Jeder Lead-Magnet hat 5 Basis-Bausteine. Diese 18 Inhalte arbeitest du einmal für dich aus und kannst sie immer wieder einsetzen.

Der Zeitaufwand beträgt nur circa 4 bis 6 Stunden, danach verfügst du über alle 18 Elemente und kannst mit diesen Bausteinen sehr einfach und schnell neue Lead-Magneten erstellen. Damit wird deine Leadgenerierung zum Kinderspiel.

Tipp

Wir empfehlen dir, jede Woche einen neuen Lead-Magneten zu produzieren. Wenn du das konsequent machst, wirst du immer genügend Leads haben.

Wie oben gezeigt: Ein Lead-Magnet kann eine einfache Checkliste oder ein kurzes Video sein. Hauptsache, er ist für deine Zielgruppe relevant und wertvoll genug, um ihre Kontaktdaten bei dir zu hinterlassen.

Leadgenerierung mit Landingpages und Pop-ups

Die Leadgenerierung mit Lead-Magneten funktioniert am besten auf einer Landingpage oder mit einem Pop-up. Ein Pop-up ist ein Fenster, das sich öffnet, während sich ein Besucher auf deiner Website aufhält (zum Beispiel nach einer bestimmten Anzahl von Sekunden).

Eine Landingpage konvertiert um ein Vielfaches besser als die klassische Website. Warum? Die Landingpage lässt alle Ablenkungen weg und konzentriert sich rein auf das Ziel der Leadgenerierung. Pop-ups sind eine Art „Mini-Landingpage".

Mit Landingpages und Pop-ups erzielst du deutlich bessere Ergebnisse als mit der klassischen Website.

Beispiel: Landing-Page

Damit die Leadgenerierung datenschutzkonform abläuft, brauchst du noch ein Leadgenerierungs-Formular, auch Opt-in-Formular genannt.

Opt-in-Formulare

Mit einem Opt-in-Formular fragst du die Kontaktdaten ab. Dazu gehören die Anrede, Vorname, Name und die E-Mail-Adresse.

Wir empfehlen dir, zusätzlich die Telefonnummer abzufragen.

Warum die Telefonnummer?

Weil wir aus Erfahrung sagen können, dass es 10-mal wirkungsvoller ist, Menschen persönlich anzurufen, als ihnen bloß eine E-Mail zu schicken.

Wenn du nach der Telefonnummer fragst, tragen sich erfahrungsgemäß weniger Leads ein, dafür aber qualitativ hochwertigere.

Wenn du mit Kennzahlen und Dashboards arbeitest, kannst du dies sehr gut messen und überprüfen.

Beispiel für ein Opt-in-Formular:

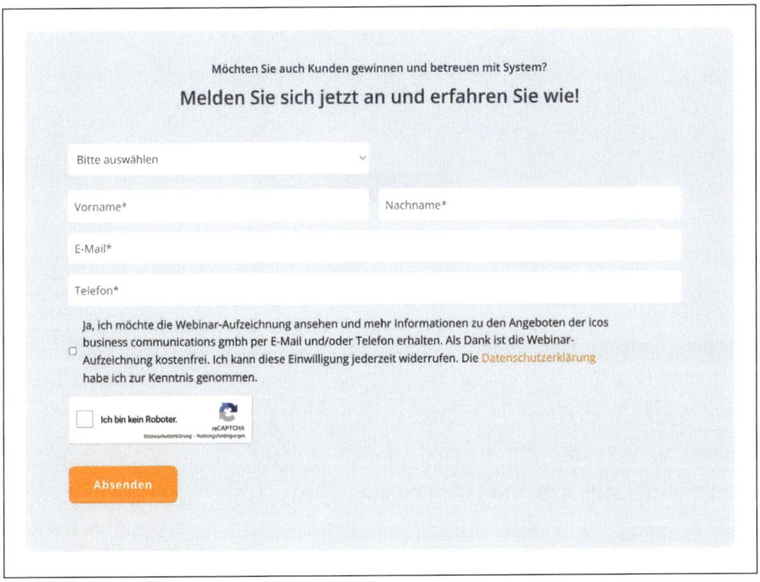

Beispiel: Opt-in-Formular

Leadgenerierung mit Anfrageformularen

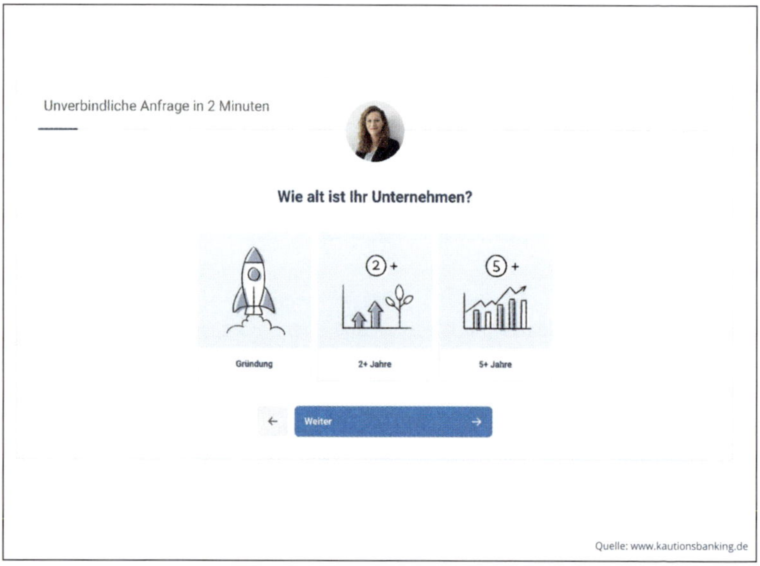

Beispiel: Anfrage-Formular

Hier siehst du noch einmal konkret, wie ein Anfrageformular ausschauen könnte. Auf jeder deiner Webseiten kannst du ein solches Formular einbauen. Ein Anfrageformular besteht in der Regel aus 5 bis maximal 7 Fragen. Auf jeder Seite steht eine Frage. Die Antwort wird angeklickt, nicht ausgefüllt.
Sobald dein Besucher auf eine Antwort klickt, springt das Formular automatisch auf die nächste Seite und es wird die nächste Frage gestellt. Er klickt wieder und die nächste Seite erscheint. Ganz einfach.

Dies ist mit Abstand derzeit die beste Technik, um qualifizierte Anfragen zu generieren. Wirklich jeder sollte sie auf der eigenen Website und auf Landingpages verwenden.

Website-Besucher in Leads verwandeln durch Chats

Eine ebenfalls einfache und meist vernachlässigte Methode der Leadgenerierung sind Chats.

Stell dir vor, du gehst in ein Geschäft und schaust dich um. In einem guten und erfolgreichen Laden wird ein Verkäufer auf dich zukommen, dich ansprechen und seine Hilfe anbieten.

Dieses bekannte Prinzip kannst du auch auf deiner Website nutzen: Sobald jemand auf deine Website kommt und beginnt, sich umzuschauen, kannst du diesen Besucher ansprechen und deine Hilfe anbieten.

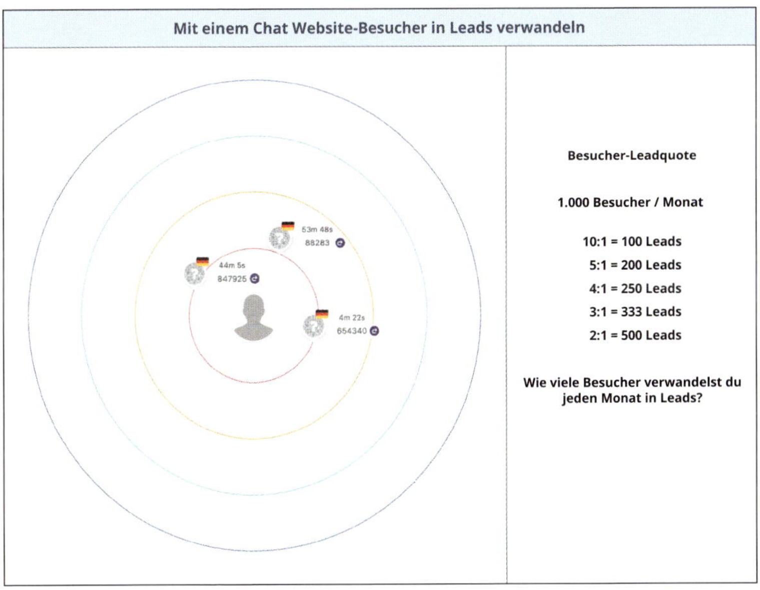

Beispiel: Aktuelle Website-Besucher

Auch auf diesem Wege lassen sich anonyme Website-Besucher in Leads verwandeln.

Die Praxis zeigt uns leider immer wieder, dass ein Großteil der Chancen zur Leadgenerierung von vielen Unternehmen nicht genutzt werden.

Rückruf-Formulare und Online-Terminvereinbarung

Eine weitere Technik ist die **Terminvereinbarung**. Diese kann entweder über ein Rückruf-Formular initiiert werden oder über eine klassische Online-Terminvereinbarung.

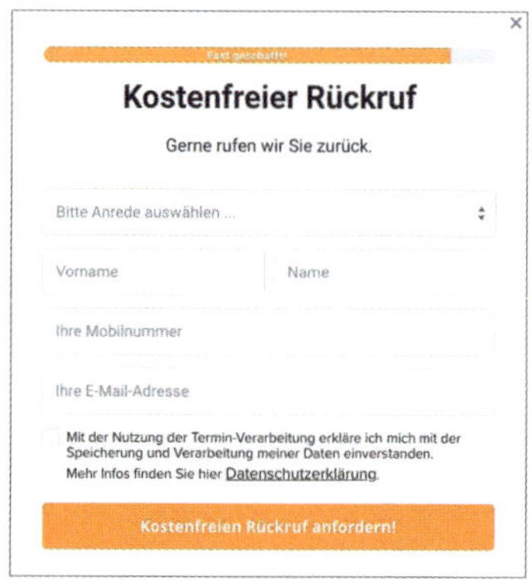

Beachte: Leadgenerierung über eine Terminvereinbarung macht nur dann Sinn, wenn du sehr aktiv bist in der Zielkunden-Ansprache und im Remarketing.

Was bedeutet das?

Remarketing bedeutet, dass du Personen, die einmal auf deiner Website waren, markierst. Wir sprechen hier von sogenannten Pixeln. Diese Pixel gibt es von Google, Meta und auch anderen Werbeplattformen. Mithilfe der Pixel schaltest du gezielte Anzeigen-Kampagnen für genau die Zielgruppe, die schon einmal auf deiner Website war. So holst du sie noch einmal zurück (Re-marketing).

Durch das wiederholte Schalten von Anzeigen dieser Art spricht man von einer gewissen **Omnipräsenz,** einer starken Sichtbarkeit, einem hohen Bekanntheitsgrad für die Zielgruppe, die dich immer und immer wieder sieht.

In diesem Fall sind Online-Terminvereinbarungen eine gute Leadgenerierungs-Methode, weil diese Zielkunden über die Zeit genügend Vertrauen zu dir aufgebaut haben und jetzt bereit sind, den nächsten Schritt zu gehen.

Von den Kennzahlen her schneiden Online-Terminvereinbarungen allerdings deutlich schlechter ab als jeder Lead-Magnet und jedes Anfrageformular.

Behalte dieses Wissen im Hinterkopf, wenn du deine Strategie zur Leadgenerierung aufbaust.

DSGVO-konformer Opt-in-Prozess

Wie oben schon gesagt: Sobald wir den Lead generiert haben, brauchen wir eine datenschutzkonforme Einwilligung in die werbliche Kommunikation. Dies wird als DSGVO-konformer Opt-in-Prozess bezeichnet.

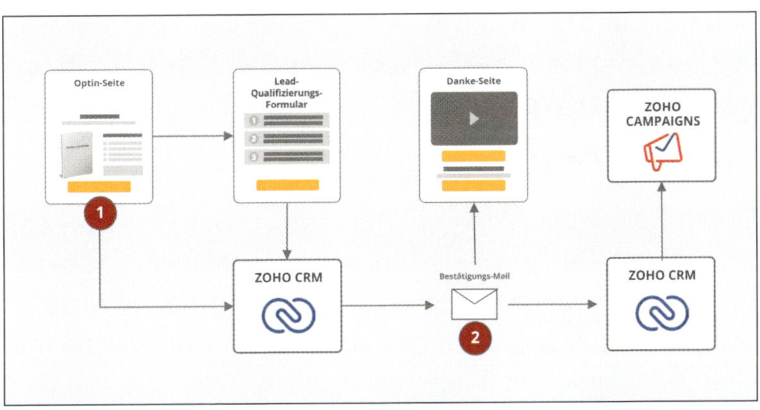

Für alle, die im B2C-Bereich sind, also mit Privatkunden arbeiten, sprechen wir immer über Double-Opt-in-Prozesse. Wenn du im B2B-Bereich bist und mit Firmenkunden arbeitest, kannst du ebenfalls den Double-Opt-in-Prozess anwenden. Jedoch funktioniert ein Single-Opt-in-Prozess sehr viel besser.

Das bedeutet: Du kannst auch ohne einen Double-Opt-in-Prozess datenschutzkonform Leads generieren. Dazu brauchst du eine gute Datenschutzerklärung, die du dir von deinem Datenschutz-Anwalt erstellen lassen solltest.

Gerne empfehlen wir hier die entsprechende anwaltliche Beratung, mit der du solche Kampagnen und Prozesse erfolgreich umsetzen kannst.

Kennzahlen und Dashboard

Wir können es gar nicht oft genug sagen: Ein wichtiger Erfolgsfaktor deiner Leadgenerierung ist die Erhebung von Kennzahlen und die Visualisierung in Form von Dashboards.

Sobald ein Unternehmen beginnt, die Leadgenerierung zu messen, verbessert sich das Ergebnis innerhalb weniger Wochen.

Woran liegt das?

Durch Kennzahlen erkennst du sofort, welche Arten von Lead-Magneten für dein Unternehmen am besten funktionieren: Über welche Zielgruppe generierst du die meisten Leads? Welche Leads werden zu Kunden? Und welche machen nur viel Arbeit, kaufen aber nicht?

Wenn du diese Informationen nicht hast, dann bist du im Blindflug unterwegs und kannst deine Leadgenerierung nicht verbessern.

Tipp

Visualisiere die Anzahl der eingehenden Leads in Form eines Balkendiagramms. So siehst du sofort, ob deine Leadgenerierung konstant funktioniert. Wenn du dann etwas veränderst, erkennst du optisch sofort, ob dein Resultat besser oder schlechter wird. Genauso erkennst du auch, wenn von heute auf morgen deutlich weniger Leads hereinkommen, und du kannst sofort aktiv werden.

Beispiel

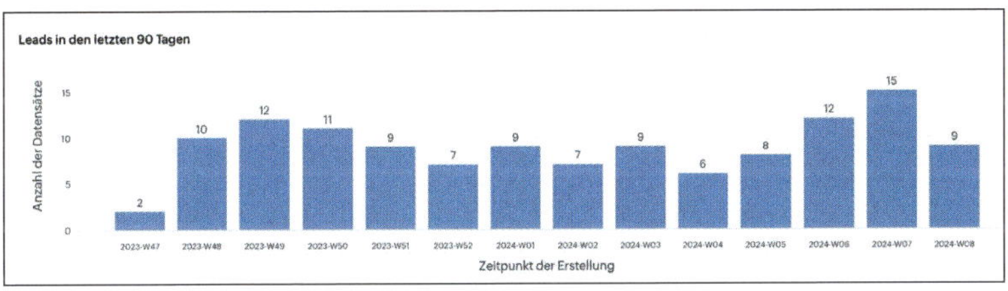

Mit einem professionellen **CRM-System** kannst du Kennzahlen automatisch erheben und in Dashboards visualisieren. Das heißt, du brauchst nie wieder irgendwelche Zusatz-Tools für Kennzahlen und Dashboards.

Das CRM-System in der Leadgenerierung

Für die Leadgenerierung ist ein professionelles CRM-System unersetzbar.

So können alle neuen Leads direkt ins CRM-System übertragen und sofort weiterverarbeitet werden.

Dein CRM-System sollte folgende Funktionen in der Leadgenerierung übernehmen:

- Automatisierte Übertragung neuer Leads direkt ins CRM
- Automatisierte Datenanreicherung neuer Leads via künstliche Intelligenz (KI)
- Automatisierte Adress- und E-Mail-Validierung beziehungsweise Aktualisierung
- Automatisierte datenschutzkonforme Opt-in-Prozesse
- Automatisierte Lead-Magnet-Auslieferungs-Kampagnen

Häufig gemachte Fehler bei der Leadgenerierung

Keine oder zu wenig Lead-Magneten

Die meisten Unternehmen nutzen zur Leadgenerierung **keine oder zu wenig Lead-Magneten.** Ohne Lead-Magneten fehlen attraktive kostenfreie Kennenlern-Angebote, um von anonymen Webseiten-Besuchern die Kontaktdaten zu erhalten und in Leads zu verwandeln.

Fehlende Anfrage-Formulare

Anstelle von Anfrageformularen werden **nur Kontaktformulare** genutzt. Ohne Anfrageformulare generieren Websites und Landingpages sehr viel weniger qualifizierte Anfragen.

Fehlende Kennzahlen und Dashboards:

Die meisten Unternehmen haben **keine Kennzahlen und auch keine Dashboards.** Sie wissen nicht, wie viele Leads gestern, vergangene Woche oder vergangenen Monat generiert wurden, welche Lead-Magneten die meisten Leads generiert haben und woher die Leads gekommen sind.

Selbstcheck – Leadgenerierung

In diesem Kapitel hast du gelernt, wie wichtig die Leadgenerierung in der Neukundengewinnung ist und mit welchen Lösungen du Interesse weckst und anonyme Besucher in neue Leads verwandelst.

Die nachfolgenden Fragen helfen dir zu überprüfen, wie erfolgreich die Leadgenerierung in deinem Unternehmen funktioniert.

Dieser Schnellcheck gibt dir einen ersten Eindruck, wie erfolgreich die Leadgenerierung in deinem Unternehmen ist und welche Lösungen du in deinem Unternehmen jetzt umsetzen solltest.

Wie erfolgreich generierst du Leads über Kontakt- und Anfrage-Formulare?

nicht erfolgreich			teilweise erfolgreich				sehr erfolgreich		
1	2	3	4	5	6	7	8	9	10

Wie erfolgreich generierst du Leads mit Leadmagneten?

nicht erfolgreich			teilweise erfolgreich				sehr erfolgreich		
1	2	3	4	5	6	7	8	9	10

Wie erfolgreich generierst du Leads mit Online-Termin-Vereinbarungen?

nicht erfolgreich | teilweise erfolgreich | sehr erfolgreich

1	2	3	4	5	6	7	8	9	10

Wie erfolgreich generierst du Leads via Chat?

nicht erfolgreich | teilweise erfolgreich | sehr erfolgreich

1	2	3	4	5	6	7	8	9	10

Wie erfolgreich nutzt du DSGVO-konforme Opt-in-Prozesse, um Leads automatisiert zu generieren und in dein CRM-System zu übertragen?

nicht erfolgreich | teilweise erfolgreich | sehr erfolgreich

1	2	3	4	5	6	7	8	9	10

Wie erfolgreich hast du deine CRM-Prozesse in der Leadgenerierung digitalisiert und automatisiert?

nicht erfolgreich | teilweise erfolgreich | sehr erfolgreich

1	2	3	4	5	6	7	8	9	10

Ergebnis der Leadgenerierung

Wie erfolgreich ist deine Leadgenerierung?

Zähle jetzt die Punkte der 6 Fragen zusammen und du siehst, wie erfolgreich deine Leadgenerierung aktuell ist.

nicht erfolgreich	teilweise erfolgreich	sehr erfolgreich
1 bis 18 Punkte	19 bis 42 Punkte	43 bis 60 Punkte

Auswertung

1 bis 18 Punkte

Deine Leadgenerierung ist nicht erfolgreich und du hast dringenden Handlungsbedarf um genügend Leads zu generieren.

19 bis 42 Punkte

Deine Leadgenerierung ist teilweise erfolgreich. Du hast einige funktionierende Leadgenerierungs-Prozesse, die du jedoch weiter verbessern solltest.

43 bis 60 Punkte

Herzlichen Glückwunsch, du hast viele Leadgenerierungs-Prozesse erfolgreich umgesetzt und verwandelst anonyme Besucher in neue Leads.

Fazit

Die Leadgenerierung ist eine wichtige Stufe im Kunden-Kreislauf, die dafür verantwortlich ist, dass du das Interesse deiner Zielkunden weckst und anonyme Besucher datenschutzkonform in neue Leads verwandelst.

Aktionsplan

Welche Herausforderungen und Probleme hast du erkannt, die in deinem Unternehmen nicht richtig funktionieren und dafür verantwortlich sind, dass deine Leadgenerierung noch nicht die gewünschten Ergebnisse erzielt?

1. ______________________________

2. ______________________________

3. ______________________________

4. ______________________________

5. ______________________________

Stufe 3 – Leads qualifizieren

Vom neugierigen Lead zum kaufbereiten Interessenten

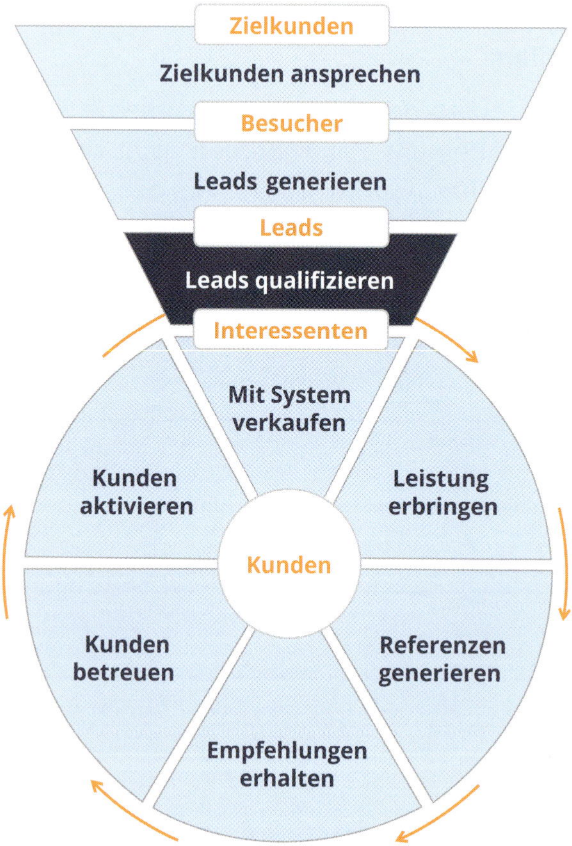

Auf dieser Stufe geht es darum, wie du Leads zu Interessenten qualifizierst.

Es ist so weit: Wir haben einen neuen Lead. Jemand hat sich auf unserer Website für ein Thema interessiert, er hat unsere Broschüre oder Checkliste heruntergeladen und uns seine Kontaktdaten hinterlassen. Mit diesem Menschen wollen wir nun einen **Termin** vereinbaren.

Unser wichtigstes Ziel bei einem hochpreisigen Produkt oder einer Dienstleistung ist immer ein Termin. Wir wollen verkaufen. Und verkaufen gelingt uns am besten, indem wir Termine vereinbaren.

Auf dieser Stufe der Leadqualifizierung ist es unsere Aufgabe, den **Bedarf zu wecken und zu verstärken.** Wir wollen **Ideen geben und Lösungen anbieten**, und wir sollten **Glaubwürdigkeit und Vertrauen aufbauen.**

Wie schaut es in der Praxis aus?

Probleme

Die meisten **Unternehmen machen keine Leadqualifizierung.** Bei ihnen ist jede Anfrage schon eine Verkaufsanfrage. Glauben sie zumindest.

Vielleicht ist es dir auch schon mal passiert, dass du sehr viel Zeit und Energie in eine Anfrage investiert hast, nur um festzustellen: Für den Gesprächspartner ist dein Angebot gar nicht passend. Du merkst dies unter anderem daran, dass du schlechte Abschlussquoten von 10 bis 30 Prozent hast.

Genau das passiert immer dann, wenn du keine Leadqualifizierung machst und stattdessen glaubst, jeder Lead sei ein Interessent.

Ein Lead ist jemand, der grundsätzliches Interesse an deinem Thema hat. Ein Interessent ist jemand, der dein

Produkt beziehungsweise Dienstleistung wirklich haben möchte.

Wir beschreiben es gerne so:

Ein Lead ist ein **Wissensinteressent**. Er möchte mehr über dich und dein Angebot wissen.

Ein Interessent ist ein **Kaufinteressent**. Er möchte wissen: Was kostet es, wie läuft die Zusammenarbeit ab und wie schaut konkret die Lösung aus?

Damit du es mal gehört hast: Zum **Wissensinteressent** sagt man im Englischen **Marketing Qualified Lead.** Der **Kauf-Interessent** ist der **Sales Qualified Lead.** Und nur der ist qualifiziert für den Verkauf.

Du ahnst es schon: Hier entstehen für einige Unternehmen Probleme. Denn weil sie eben keine Leadqualifizierung machen, werden die **Leads in den meisten Fällen falsch behandelt.**

Sie werden, wie schon gesagt, **mit Interessenten verwechselt** und auch so behandelt. Es wird zu schnell zu viel Energie in Gespräche investiert, die überhaupt keine Chance auf Aufträge haben! Dadurch entsteht die Abschlussquote von nur 10, 20 oder 30 Prozent.

Das ist vergeudete Zeit und sorgt für unnötig viel Frust.

Das zweite Problem, das wir an dieser Stelle beobachten, ist, dass **Leads nicht informiert und qualifiziert** werden. Gerade die Leads, die kontaktiert werden und die sagen „Ich brauche noch Zeit“, „Ich will mich erst einmal informieren“ ... Diese Leads werden nicht richtig bearbeitet. Manchmal werden sie auf Wiedervorlage gelegt und nach einer gewissen Zeit wieder kontaktiert. Doch bis dahin passiert mit diesen Leads nichts. Sie erhalten keine Kampagnen, die sie informieren und vorqualifizieren. Und so gehen derartige Leads meistens verloren.

Das heißt, die Leads sind zwar da, doch es **entstehen viel zu wenige Verkaufschancen.** Schade. Falsch gemacht.

Chancen

Wenn du es richtig machst, dann erkennst du sofort deine kaufbereiten Leads. Denn diese werden in deinem CRM-System – und wir hoffen, du hast eines – sofort bewertet.

In deinem CRM siehst du direkt: Ist das eine Firma? Stimmt die E-Mail-Adresse? Ist es eine E-Mail-Adresse mit einer Domain? Mit einer Firmendomain? Wenn es eine Firmendomain ist, welches Unternehmen steckt dahinter?

In deinem CRM kannst du außerdem die Daten automatisch vervollständigen. Du ziehst aus dem Handelsregister weitere Informationen und weißt, wie groß das Unternehmen ist. Kurz gesagt: Du erkennst sofort diejenigen, die wirklich Potenzial haben.

Wenn du dies nicht tust, gehst du mit den Leads falsch vor.

Was wir bis hierher beschrieben haben, lässt sich alles automatisieren. Es gibt intelligente Systeme, die dies schon beim Eintreffen des Leads für dich erledigen. Jeder neue Lead wird damit sofort vorqualifiziert.

Wir haben zum Beispiel einige Kunden, die bei jedem Lead die Postleitzahl und die IP-Adresse überprüfen. Warum? Die IP-Adresse gibt den Standort an. Das System vergleicht automatisch den Standort, die IP-Adresse und die tatsächlich eingegebene Postleitzahl. Hier wird bereits bewertet: Ist das weit weg? Wie gut ist dieser Lead? Ist diese IP-Adresse schon mal negativ aufgefallen, zum Beispiel in einem Spam-Netzwerk? All das passiert im Hintergrund. Du brauchst nichts dafür zu tun.

Wenn du schon Geld investierst in deine Leadgenerierung, dann wirst du ab einem gewissen Niveau sehr genau hinschauen, wie du eine möglichst hohe Qualität deiner Leads erzielst.

Von 100 Leads, die du generierst …	7,5 % der Leads kaufen kurzfristig	42,5 % der Leads kaufen langfristig
	< 3 Monate	4 bis 24 Monate
	50 % der Leads werden nicht kaufen	

Quelle: www.ilovemarketing.com

Leads sollten darüber hinaus auch **langfristig bearbeitet** werden.

Hast du gewusst: 1/7 der Leads kaufen kurzfristig innerhalb von 3 Monaten, doch die restlichen 6/7 erst innerhalb von 4 bis 24 Monaten.

Das bedeutet für dich: Du solltest **Systeme nutzen, um deine Leads richtig zu qualifizieren.**

Ein gutes System erkennt die Leads, die bereits vorqualifiziert und kaufbereit sind. Und es erkennt auch die Leads, die über längere Zeit konsequent informiert und qualifiziert werden müssen, um sie so mittelfristig und langfristig in Interessenten zu verwandeln.

Damit ergeben sich täglich neue Verkaufschancen für dich.

Leadqualifizierung mit System

Wie funktioniert ein solches System, was solltest du dafür tun?

Unsere wichtigste Empfehlung lautet: **Rufe jeden Lead so schnell wie möglich an!**

Verstecke dich bitte nicht hinter E-Mails oder E-Mail-Kampagnen.

In der Vergangenheit wurde immer nur über E-Mail-Kampagnen gesprochen. Die Wichtigkeit des telefonischen Kontakts wurde völlig außer Acht gelassen.

Doch sobald du hochpreisige Produkte oder Dienstleistungen verkaufen willst – damit meine ich alles über 1.000 € –, solltest du so schnell wie möglich zum Hörer greifen.

Eine wichtige Kennzahl der Leadqualifizierung ist die Anzahl der Minuten, die zwischen dem Zeitpunkt der Leadgenerierung und der ersten Kontaktaufnahme vergehen.

Es gibt viele Studien, die die Bedeutung der schnellen Kontaktaufnahme immer wieder nachgewiesen haben.

Daher empfehlen wir dir **„Speed to Lead"**.

Umso kürzer die Zeit, desto besser sind deine Verkaufschancen.

Anders dagegen: Je länger du dir Zeit lässt, umso niedriger ist die Chance, einen neuen Lead als Kunden zu gewinnen.

Die **erste, schnelle Kontaktaufnahme** wird häufig als **Opening-Anruf** beziehungsweise **Pre-Setting-Anruf** bezeichnet.

Das ist ein für den Lead **unerwarteter Anruf mit dem Ziel, einen Termin für ein Erstgespräch,** auch Setting-Gespräch genannt, **zu vereinbaren.**

Diese Kontaktaufnahme sollte in deinem Unternehmen systematisiert sein.

Genau dazu ist ein professionelles CRM-System notwendig. Ein CRM-System, das dir und deinen Mitarbeitern die Arbeit abnimmt, selbst heraussuchen zu müssen, welche Leads heute angerufen werden müssen.

Die besten Ergebnisse werden erzielt, wenn das CRM-System den Prozess für die Kontaktaufnahme direkt vorgibt.

So wird sichergestellt, dass alle Mitarbeiter die Leadqualifizierung einheitlich umsetzen. Einheitlich bedeutet: Es werden Kennzahlen generiert. Und diese Kennzahlen und Dashboards, wir haben es schon öfter erwähnt, erlauben es uns, immer besser zu werden.

Hier ein Beispiel für einen Opening-Blueprint aus Zoho CRM:

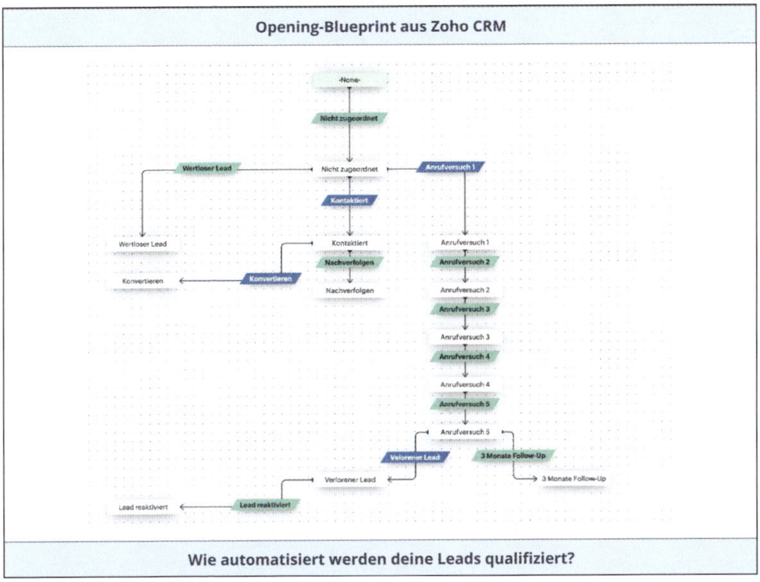

Beispiel: Opening-Blueprint aus Zoho CRM

Um den Lead systematisch in einen Interessenten zu verwandeln, brauchen wir **guten Follow-up-Content.**

Das sind wirkungsvolle Inhalte, die …

- Bedarf wecken und verstärken,
- Ideen geben und Lösungen darstellen,
- unsere Fachkompetenz unter Beweis stellen,
- Ängste, Bedenken, Einwände vorwegnehmen,
- Glaubwürdigkeit und Vertrauen aufbauen.

Für diese Inhalte kannst du Videos, Webinare, Podcast-Lektionen, Artikel und interaktiven Content, wie zum Beispiel Schnell-Checks oder Kalkulatoren, nutzen.

Und wie kommen diese nutzvollen Inhalte zum Lead?

Dafür brauchst du **Follow-up-Kampagnen,** die deine Leads systematisch informieren und qualifizieren. Dabei sprechen wir meist von automatisierten E-Mail-Kampagnen.

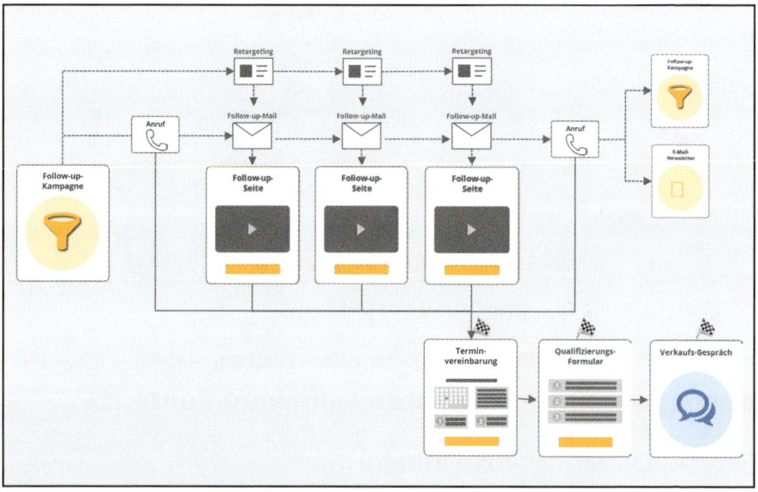

Beispiel: Follow-up-Kampagne

Hier unterscheiden wir zwischen **kurzfristigen und langfristigen Kampagnen.**

Eine kurzfristige Follow-up-Kampagne hat einen anderen Aufbau als die langfristige Follow-up-Kampagne.

In einer kurzfristigen Kampagne steht **Content** im Vordergrund, **der Bedarf weckt und verstärkt.** So werden die Leads vorqualifiziert, die jetzt gerade Bedarf haben.

In einer langfristigen Follow-up-Kampagne steht **Content** im Vordergrund, **der Ideen gibt und Lösungen vorstellt.** Diese Art von Kampagne bietet einen hohen Nutzen und wird von Leads nicht als nervige Werbung wahrgenommen.

Wenn du solche Follow-up-Kampagnen hast, die zum Beispiel über 6, 12, 18 oder 24 Monate zu 100 Prozent automatisiert deine Leads informieren und qualifizieren, dann hast du ein System, das dir täglich neue Verkaufs-Chancen eröffnet.

Egal, was in deinem Unternehmen passiert: Das System stellt sicher, dass Leads planbar und verlässlich in Interessenten verwandelt werden, dass Termine gebucht werden und neue Verkaufs-Chancen entstehen.

Neben E-Mails kommen auch Messenger-Nachrichten, wie zum Beispiel WhatsApp oder SMS, zum Einsatz. Gerade WhatsApp funktioniert in vielen Branchen immer besser und hat die klassischen E-Mail-Kampagnen schon abgelöst.

Wenn du die Bedeutung der Follow-up-Kampagnen verstanden hast, dann weißt du: **„Der große Umsatz kommt aus dem Follow-up."**

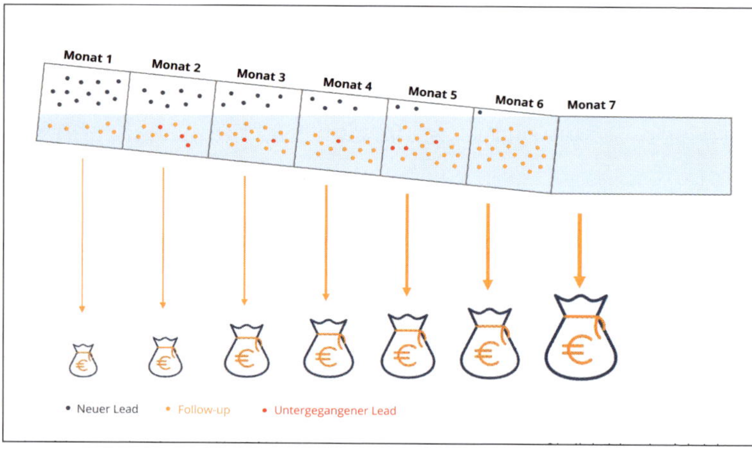

Follow-up, der heimliche Erfolgsfaktor wirkungsvoller Neukundengewinnung

Die Kennzahlen aller unser Kunden bestätigen uns immer wieder, wie wichtig der Follow-up-Prozess ist und warum jedes Unternehmen seine Leads nicht nur kurzfristig, sondern vor allem auch langfristig informieren und qualifizieren sollte.

Auch in der Leadqualifizierung ist ein CRM-System daher unersetzbar.

Das CRM-System in der Leadqualifizierung

Dein CRM-System sollte folgende Funktionen in der Leadqualifizierung bieten:

- automatisierte Leadzuweisung neuer Leads zu passenden Mitarbeitern,
- dynamische Lead-Listen, die heute kontaktiert werden sollen,

- Leadqualifizierungs-Blueprints, die eine einheitliche Bearbeitung von Leads sicherstellen,
- kurzfristige und langfristige E-Mail-Kampagnen,
- Echtzeit-Kennzahlen und Dashboards.

Häufig gemachte Fehler bei der Leadqualifizierung:

- **Neue Leads werden nicht oder viel zu spät angerufen**

  Viele Unternehmen schreiben lieber 3 E-Mails als einmal anzurufen. Wir wissen durch viele „Speed-to-Lead“-Studien, wie wichtig die schnelle Kontaktaufnahme ist.

- **Leads werden nur kurzfristig bearbeitet**

  Wenn ein Lead nicht innerhalb von 2 bis 4 Wochen Kaufbereitschaft signalisiert, fehlen in den meisten Unternehmen Systeme, um Leads über einen längeren Zeitraum professionell zu informieren und zu qualifizieren.

- **Fehlende Systeme für die Leadqualifizierung**

  Es fehlt an Systemen für die telefonische Kontaktaufnahme, wie zum Beispiel ein Opening-Blueprint. Und es fehlt an Follow-up-Kampagnen, die im Hintergrund sicherstellen, dass jeder Lead professionell informiert und qualifiziert wird.

Selbstcheck – Leadqualifizierung

In diesem Kapitel hast du gelernt, wie wichtig die Lead-Qualifizierung in der Neukundengewinnung ist und mit welchen Lösungen du Leads zu Interessenten qualifizierst.

Die nachfolgenden Fragen helfen dir zu überprüfen, wie erfolgreich die Leadqualifizierung in deinem Unternehmen funktioniert.

Wie erfolgreich nutzt du Leadqualifizierungs-Formulare, um kaufbereite Anfragen und Leads zu erkennen und schneller in Interessenten und Kunden zu verwandeln?

nicht erfolgreich			teilweise erfolgreich				sehr erfolgreich		
1	2	3	4	5	6	7	8	9	10

Wie erfolgreich rufst du neue Anfragen und Leads an, um kaufbereite Leads zu erkennen und schneller in Interessenten und Kunden zu verwandeln?

nicht erfolgreich			teilweise erfolgreich				sehr erfolgreich		
1	2	3	4	5	6	7	8	9	10

Wie erfolgreich nutzt du Follow-up-Inhalte, um Bedarf zu wecken, Ideen zu geben und so konkrete Anfragen zu erhalten bzw. Termine zu vereinbaren?

nicht erfolgreich			teilweise erfolgreich				sehr erfolgreich		
1	2	3	4	5	6	7	8	9	10

Wie erfolgreich nutzt du automatisierte E-Mail-Follow-up-Kampagnen und E-Mail-Newsletter, die Anfragen und Leads regelmäßig informieren und qualifizieren?

nicht erfolgreich			teilweise erfolgreich				sehr erfolgreich		
1	2	3	4	5	6	7	8	9	10

Wie erfolgreich nutzt du Remarketing-Kampagnen, um Termine zu vereinbaren?

nicht erfolgreich			teilweise erfolgreich				sehr erfolgreich		
1	2	3	4	5	6	7	8	9	10

Wie erfolgreich hast du deine CRM-Prozesse in der Leadqualifizierung digitalisiert und automatisiert.

nicht erfolgreich			teilweise erfolgreich				sehr erfolgreich		
1	2	3	4	5	6	7	8	9	10

Ergebnis der Leadqualifizierung

Wie erfolgreich ist deine Leadqualifizierung?

Zähle jetzt die Punkte der 6 Fragen zusammen und du siehst, wie erfolgreich deine Leadqualifizierung aktuell ist

nicht erfolgreich	teilweise erfolgreich	sehr erfolgreich
1 bis 18 Punkte	19 bis 42 Punkte	43 bis 60 Punkte

Dieser Schnellcheck gibt dir einen ersten Eindruck, wie erfolgreich die Leadqualifizierung in deinem Unternehmen ist und welche Lösungen du in deinem Unternehmen jetzt umsetzen solltest.

Auswertung

1 bis 18 Punkte

Deine Leadqualifizierung ist nicht erfolgreich und du hast dringenden Handlungsbedarf.

19 bis 42 Punkte

Deine Leadqualifizierung ist teilweise erfolgreich. Du hast einige funktionierende Leadqualifizierungs-Prozesse, die du jedoch weiter verbessern solltest.

43 bis 60 Punkte

Herzlichen Glückwunsch, du hast viele Leadqualifizierungs-Prozesse erfolgreich umgesetzt, mit welchen du deine Leads kurz, mittel- oder langfristig zu Interessenten qualifizierst.

Fazit

Die Leadqualifizierung ist eine wichtige Stufe in der Neukundengewinnung, die dafür verantwortlich ist, dass du Leads kurz, mittel- oder langfristig zu Interessenten qualifizierst.

Aktionsplan

Welche Herausforderungen und Probleme hast du erkannt, die in deinem Unternehmen nicht richtig funktionieren und dafür verantwortlich sind, dass deine Leadqualifizierung noch nicht die gewünschten Ergebnisse erzielt?

1. ______________________________

2. ______________________________

3. ______________________________

4. ______________________________

5. ______________________________

Stufe 4 – Mit System verkaufen

Mit System verkaufen

Auf dieser Stufe geht es darum, vorqualifizierte Kaufinteressenten zu überzeugen.

Wir wollen den **Kaufinteressenten in einen Neukunden verwandeln** und den **Auftrag erhalten.**

Warum sprechen wir von System-Vertrieb?

Weil wir auch hier nichts dem Zufall überlassen wollen. Wir nutzen standardisierte Prozesse und Systeme, um planbare, messbare Ergebnisse zu erzielen.

Dazu ist es wichtig, dass wir den **Verkaufs-Prozess Schritt für Schritt durchlaufen,** professionelle **Beratungs- und Verkaufsgespräche führen** und **unwiderstehliche Angebote anbieten.**

Wie schaut es in der Praxis aus?

Probleme

Die meisten Unternehmen versenden **08/15-Angebote.** Sie investieren zu wenig Zeit und Kreativität in die Frage: Wie kann ich meine Kunden mit einem sensationellen Angebot leichter von mir und meinen Leistungen überzeugen?

Es liegt auf der Hand, dass diese Unternehmen über zu wenige Aufträge klagen.

Dein Angebot entscheidet in hohem Maße darüber, ob du neue Aufträge generierst.

Tipp: Bereite im Vorfeld alles so auf, dass deine **Angebote wirklich überzeugen** und etwas dabei ist, bei dem deine Kunden sagen: „Wow, das möchte ich haben!“

Wenn du dies von Anfang an berücksichtigst, kannst du **täglich lukrative Aufträge gewinnen.**

Wichtig ist auch ein **kurzer Verkaufszyklus.** Wir wollen mit dem Kunden möglichst schnell zum Abschluss kommen und nicht von Termin zu Termin gehen.

Auch hier gibt es wieder einige Stolperfallen. Und die zeigen wir dir im Folgenden.

Chancen

Ausgangsbasis für deine Verkaufsgespräche ist immer die Terminvereinbarung.

Die Terminvereinbarung

Es gibt 2 Möglichkeiten: Jemand bucht online einen Termin für ein Setting-Gespräch über deine Website oder Landingpage. Oder du vereinbarst einen Termin im Opening-Gespräch. Auf die verschiedenen Gesprächsarten gehen wir gleich noch ein.

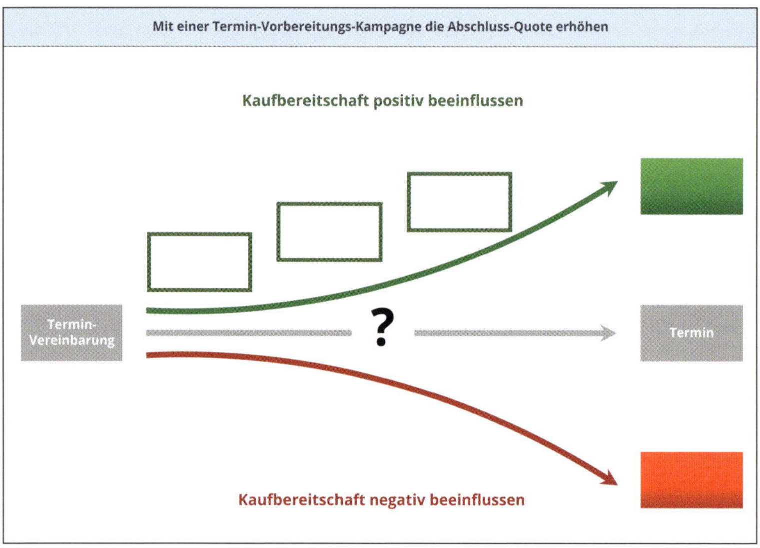

Online-Terminvereinbarungen funktionieren schnell und einfach. Die meisten Unternehmen nutzen dabei jedoch nur den technischen Hintergrund: Sie bieten dem Kunden lediglich an, den Termin zu vereinbaren. Der Kunde bekommt nach Terminwahl eine Bestätigungs- und Erinnerungs-Mail, und das war's.

Mit einer gezielten **Terminvorbereitungs-Kampagne** erhöhst du deine Abschlussquote um ein Vielfaches.

Wie läuft das ab?

Dein **Gesprächspartner erhält vorab Informationen**, wird dadurch eingestimmt und **vorqualifiziert.** Er ist bestens vorbereitet auf den Termin. Und du hast dadurch gleichzeitig **Vertrauen und Glaubwürdigkeit aufgebaut.** Besser geht's nicht!

Jetzt stell dir vor, du hättest eine voll automatisierte Termin-Vorbereitungs-Kampagne. Eine, die du nur einmal erarbeitest und die immer laufen kann.

Wie würde das deine Termine verändern?

Jetzt geht's in den **Verkaufs-Prozess.**

Verkaufen mit System

3-stufiges Verkaufen: Opening – Setting – Closing

Mit **Opening-Anrufen** vereinbarst du die Termine. Im **Setting-Gespräch** qualifizierst du die Interessenten. Und im **Closing-Gespräch** machst du den Abschluss.

Ziel dieser 3 Stufen ist es, dass du im Closing nur noch Gesprächspartner hast, die perfekt zu deinem Angebot passen. Diese finalen Gesprächspartner haben das Budget, sind der Entscheider und wollen jetzt starten.

Der mehrstufige Verkaufs-Prozess – Opening – Setting - Closing		
Opening	**Setting**	**Closing**
Opening-Anruf Unerwarteter Anruf mit dem Ziel einen Termin für ein Setting-Gespräch zu vereinbaren	**Setting-Gespräch** Qualifizierungs-Gespräch mit dem Ziel zu prüfen, ob der Lead für unser Angebot qualifiziert ist	**Closing-Gespräch** Verkaufs-Gespräch mit dem Ziel, zu unsere Produkte und Leistungen zu verkaufen

Wenn diese 3 Aspekte gegeben sind, machen dir und deinen Verkäufern Verkaufsgespräche sehr viel mehr Spaß und sie sind auch sehr viel erfolgreicher.

Es macht keinen Sinn, mit Menschen ein Beratungs- oder Verkaufsgespräch zu führen, von denen du weißt, sie können sich das Angebot gar nicht leisten, wollen auch nicht beizeiten starten und sind selbst gar nicht der Entscheider.

All dies musst du vorher filtern. Wenn du Interessenten nicht vorqualifizierst, hast du später einen frustrierten Verkäufer in deinem Team, der den Großteil seiner Zeit mit den falschen Leuten im Verkaufsgespräch sitzt.

Schauen wir uns die 3 Arten von Gesprächen im Detail an:

Der Opening-Anruf

Ein Opening-Anruf ist ein unerwarteter Anruf. Wir haben ihn im letzten Kapitel schon kennengelernt. Neue Leads erhalten immer einen unerwarteten Anruf. Ziel ist es, einen Termin für ein Setting-Gespräch zu vereinbaren.

Das Setting-Gespräch

Im Setting-Gespräch wird der Gesprächspartner qualifiziert. Das Setting wird daher auch intern als Qualifizierungsgespräch bezeichnet. Nach außen hin nennen es viele Erstgespräch oder Kennenlerngespräch.

Der Interessent wird zum Beispiel zu seinen Zielen befragt:

- Wo steht er aktuell?
- Was sind seine Ziele?
- Was sind die Gründe, warum er die Ziele bisher nicht erreicht hat?
- Welchen Bedarf hat er?
- Bis wann möchte er seine Ziele erreichen?
- ...

Jedes Unternehmen hat andere Zielkunden, unterschiedliche Angebote und daher auch andere Fragen, die in diesem Gespräch gestellt werden.

Ein Setting-Gespräch dauert circa 20 bis 30 Minuten und findet entweder telefonisch oder als Online-Meeting statt.

Das Setting-Gespräch ist das wichtigste Gespräch im Verkaufsprozess.

Hier findest du heraus, ob der Lead überhaupt qualifiziert ist: Ob er sich dein Angebot leisten kann, ob er bereit ist, kurzfristig zu investieren, und ob er selbst der Entscheider ist.

Nur wenn der Gesprächspartner im Setting-Gespräch qualifiziert ist, geht es auf die nächste Stufe, zum Closing-Gespräch.

Das Closing-Gespräch

Auch für Closing-Gespräche gibt es unterschiedliche Bezeichnungen. Die einen sagen Beratungsgespräche, andere Verkaufsgespräche und wieder andere nennen sie Strategiegespräche.

Das Closing-Gespräch folgt einem speziellen Closing-Skript.

Je nach Unternehmen und Angebot wird ein **standardisiertes Angebot** präsentiert. Gibt es keine standardisierten Angebote, wird ein zweites Closing-Gespräch vereinbart, in dem das **individuelle Angebot** präsentiert wird – und hoffentlich auch direkt angenommen wird.

Je nach Höhe der Investition kann es sein, dass du 2, 3 oder 4 Gespräche führst.

Bei einem niedrigpreisigen Angebot reicht in der Regel ein Gespräch. Es dauert zwischen 45 und 120 Minuten.

Unterscheide in deinem System-Vertrieb klar zwischen diesen 3 Gesprächsarten:

- Opening-Anruf
- Setting-Gespräch
- Closing-Gespräch

Unsere Empfehlung: Gestalte dir Gesprächsleitfäden

Für jedes Gespräch solltest du und deine Verkäufer Skripte verwenden. Ein Skript ist wie ein System. Ein roter Faden, an den du dich halten kannst, um ein bestimmtes Ergebnis im Prozess sicher zu erreichen.

Unterschiedliche Skripte führen zu unterschiedlichen Ergebnissen.

Es ist sehr wichtig, dass du Skripte verwendest. Nur so erkennst du, was funktioniert und was nicht – und womit du deine Umsatzziele sicher erreichst.

Umsatz-Ziele mit System-Vertrieb sicher erreichen

Ein Beispiel:

Ziel				
Zeitraum (3 bis 12 Monate)	12 Monate			
Umsatz-Ziel	1.000.000 €	Durchschnitts-Auftragswert		10.000 €
Closing-Quote	50%	Closing-Show-up-Quote		90%
Setting-Quote	50%	Setting-Show-up-Quote		90%
Opening-Terminierung-Quote	40%	Opening-Erreichungs-Quote		33%
Ø Anrufversuche, bis Lead erreicht	3,03			
Ziele	**12 Monate**	**Monats-Ziel**	**Wochen-Ziel**	**Tages-Ziel**
Umsatz	1.000.000 €	83.333 €	19.158 €	4.167 €
Aufträge	100	9	2	0
Geführte Closing-Gespräche	200	17	4	1
Vereinbarte Closing-Gespräche	223	19	5	1
Geführte Setting-Gespräche	446	38	9	2
Vereinbarte Setting-Gespräche	496	42	10	2
Geführte Opening-Anrufe	1.240	104	24	5
Anwahlen Opening-Anrufe	3.758	314	73	16
Anzahl benötigter Leads	**1240**	**104**	**24**	**5**

© IcosMedia | www.icosmedia.de | 2024

Wenn du weißt, welchen Umsatz du in welchem Zeitraum erreichen möchtest, dann kannst du auf Basis der Quoten den **kompletten Vertriebs-Prozess** berechnen.

Bei einem Ziel von zum Beispiel 1.000.000 € Neukunden-Umsatz in 12 Monaten bedeutet dies bei einem durchschnittlichen Auftragswert von 10.000 € 100 Aufträge.

Bei einer Closing-Quote (Abschluss-Quote) von 50 Prozent musst du 200 Closing-Gespräche durchführen. Wenn du eine Show-up-Quote von 90 Prozent hast, das heißt, 10 Prozent erscheinen nicht zum Termin, dann bedeutet das 223 vereinbarte Closing-Gespräche.

Bei einer Setting-Quote von 50 Prozent sind das 446 geführte Setting-Gespräche. Bei einer Show-up-Quote von 90 Prozent bedeutet das wiederum 496 vereinbarte Setting-Gespräche.

Bei einer Opening-Terminierung von 40 Prozent sind das 1.240 zu führende Opening-Anrufe. Wenn wir nur 33 Prozent der Leads erreichen, sind insgesamt 3.758 Anwahl-Versuche notwendig.

Für die Zielerreichung von 1.000.000 € Neukunden-Umsatz in 12 Monaten sind insgesamt also 1.240 Leads notwendig.

Du kannst sogar noch einen Schritt weiter gehen und folgende Berechnungen anstellen:

- **Kapazität des Teams**

  Wenn du weißt, wie viele Anrufe beziehungsweise Gespräche ein Opener, Setter oder Closer pro Tag durchführen kann, dann weißt du, wie viele Mitarbeiter du brauchst.

- **Team-Kosten**

  Wenn du weißt, wie viele Mitarbeiter du brauchst und welche Gehälter und Provisionen du zahlst, dann weißt du, wie hoch deine Fixkosten und variablen Kosten sind.

Wir führen mit unseren Kunden regelmäßig Coachings durch, in denen wir die Kennzahlen und Dashboards überprüfen, den Vertriebs-Prozess verbessern und ihre Skripte immer weiter optimieren.

Um die besten Ergebnisse zu erzielen, muss der Vertriebs-Prozess immer wieder nachgeschärft werden.

Umsatz-Ziele sicher erreichen mit Systemvertrieb

Der Rechner für die Kalkulation von Umsatz-Zielen ist Bestandteil im Bonus-Bereich zu diesem Buch. Zum Bonus-Bereich gelangst du hier:

www.kunden-mit-system.online/bonus

Angebots-Follow-up-Kampagnen

Ist noch keine Entscheidung vom Kunden getroffen worden, benötigst du eine **Angebots-Follow-up-Kampagne.** Dies ist wieder ein System, das automatisiert im Hintergrund alle deine Angebote nachfasst und dich dabei unterstützt, offene Angebote in Aufträge zu verwandeln.

So ein System ist eine unglaublich wichtige Kampagne, die dir sehr viel Zeit abnimmt. Denn hast du kein System, musst du entweder sehr viel Zeit investieren, um nachzufassen, oder es geht dir sehr viel Umsatz verloren.

Die digitale Angebotsannahme

Für die Angebotsannahme solltest du es deinen Interessenten so einfach wie möglich machen. Die Angebotsannahme kann über ein Online-Formular, eine digitale Unterschrift oder in einem Closing-Gespräch als Videovertrag erfolgen.

Gerade die digitale Unterschrift ist eine wichtige Methode, die du auf jeden Fall nutzen solltest. Sie hilft dir, sehr viel einfacher Angebote, aber auch andere Vereinbarungen und Verträge rechtsverbindlich zu unterschreiben.

Damit dein Vertrieb zu 100 Prozent funktioniert, brauchst du ein CRM.

Das CRM-System im Vertriebs-Prozess

Der komplette Prozess wird über das CRM-System gesteuert.

Dein CRM erstellt dynamische Listen mit den Verkaufs-Chancen, um die sich deine Verkäufer am jeweiligen Tag kümmern müssen. So braucht sich dein Vertriebsteam nie mehr selbst überlegen, was zu tun ist.

Jede Verkaufs-Chance durchläuft eine **Verkaufs-Pipeline.** Diese Verkaufs-Pipeline besteht aus mehreren Stufen und ist abhängig von deinem Angebot.

Beispiel: Pipeline-Stufen

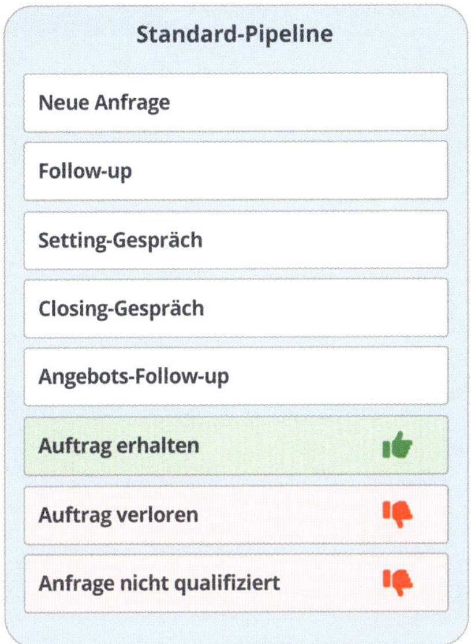

Für jede Stufe gibt es konkrete Aufgaben und Aktivitäten, die der Verkäufer erledigen muss, sowie Aktivitäten beziehungsweise Reaktionen unseres Interessenten, um von einer Stufe auf die nächste Stufe zu gelangen.

In einer **Kanban-Ansicht** siehst du, welche Verkaufs-Chancen aktuell auf welcher Stufe stehen.

Je nach Stufe kannst du eine **Auftragswahrscheinlichkeit** definieren, um die zu erwartenden Umsätze zu kalkulieren.

Dabei unterstützt dich inzwischen die KI und gibt dir konkrete Tipps, welche Aktivitäten und Maßnahmen noch offen sind, um eine Verkaufs-Chance in einen Auftrag zu verwandeln.

Beispiel: Verkaufs-Pipeline in der Kanban-Ansicht

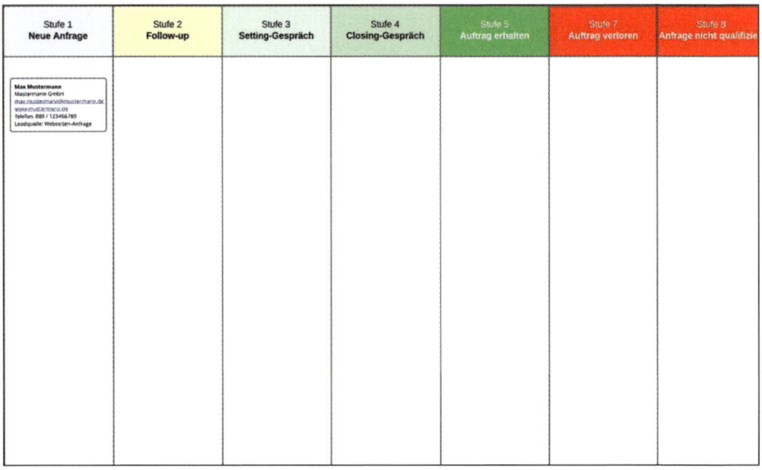

Im Vertriebs-Prozess arbeiten wir uns von links nach rechts.

Jede Stufe entscheidet.

Wenn zum Beispiel im Setting-Gespräch erkannt wird, dass sich der Interessent im Moment unser Angebot noch nicht leisten kann, also kein Budget hat, dann wird die Verkaufs-Chance auf „nicht qualifiziert", also „Verkaufs-Chance verloren" gesetzt.

Gleichzeitig wird automatisch eine Wiedervorlage in 3 Monaten erstellt, um diesen Interessenten erneut zu kontaktieren.

Kennzahlen und Dashboards

Anhand von Kennzahlen und Dashboards können wir jederzeit genau erkennen, wo wir stehen. Wir wissen, wie viele Leads wir generiert haben, wie viele Termine vereinbart wurden, wie viele Angebote in einem Closing-Gespräch gemacht wurden und wie viele Aufträge daraus entstanden sind.

Um unsere gewünschten Zielkunden noch präziser zu erreichen, schauen wir uns dies zum Beispiel auf Basis der Zielkunden-Ansprache oder Leadgenerierungs-Art an. So können wir unser Werbebudget immer wirkungsvoller einsetzen und den Vertriebs-Prozess stetig optimieren.

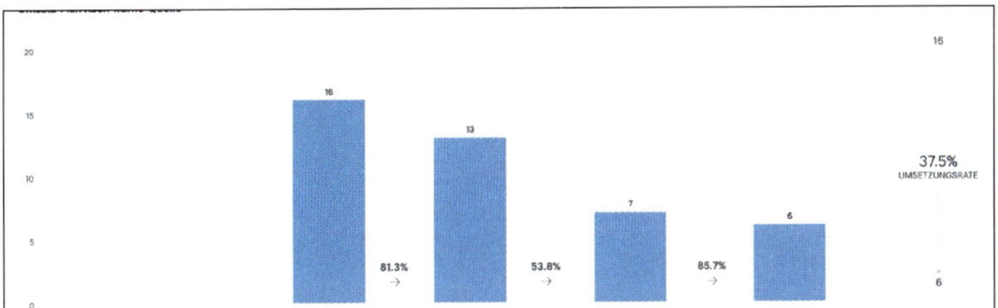

Traffic-Quelle	Leads		Termine		Angebote		Aufträge	Umsetzungsrate
Linkedin	4	100%	4	25.0%	1	100%	1	25.0%
Facebook	1	100%	1	100%	1	100%	1	100%
Google	3	100%	3	66.7%	2	100%	2	66.7%
YouTube	1	100%	1	100%	1	100%	1	100%
Empfehlung	3	66.7%	2	50.0%	1	0%	0	0%
Multiplikatoren-Marketing	1	100%	1	0%	0	0%	0	0%
Kalt-Akquise	3	33.3%	1	100%	1	100%	1	33.3%
Insgesamt	16		13		7		6	37.5%

Häufig gemachte Fehler im System-Vertrieb

- **Fehlende Vertriebs-Standards, nach denen gearbeitet wird**

  Es gibt keine standardisierten Abläufe und Prozesse, nach denen alle Mitarbeiter im Vertrieb arbeiten, und/oder es fehlen Skripte.

- **Fehlendes CRM-System**

  Es fehlt ein CRM-System, mit dem der gesamte Vertriebs-Prozess gesteuert wird: ein System, das für alle Verkäufer automatisiert Wiedervorlagen erstellt und das Leben der Verkäufer einfach macht.

- **Fehlende Kennzahlen und Dashboards**

  Ein gutes CRM-System erhebt automatisch Kennzahlen in Echtzeit und visualisiert diese in ansprechenden Dashboards. So lässt sich jederzeit erkennen, wo das Unternehmen steht.

Selbstcheck – Verkaufs-Prozess

In diesem Kapitel hast du gelernt, wie wichtig dein Verkaufs-Prozess ist und mit welchen Lösungen du vorqualifizierte Interessenten in Kunden verwandelst und Aufträge erhältst.

Die nachfolgenden Fragen helfen dir zu überprüfen, wie erfolgreich der Verkaufsprozess in deinem Unternehmen funktioniert.

Wie erfolgreich nutzt du Online-Terminvereinbarungen, um automatisiert Termine mit kaufbereiten und vorqualifizierten Interessenten zu vereinbaren?

nicht erfolgreich			teilweise erfolgreich				sehr erfolgreich		
1	2	3	4	5	6	7	8	9	10

Wie erfolgreich nutzt du Termin-Vorbereitungs-Kampagnen, um automatisiert Interessenten auf den Termin einzustimmen, vorzuqualifizieren und Glaubwürdigkeit und Vertrauen vorab aufzubauen?

nicht erfolgreich			teilweise erfolgreich				sehr erfolgreich		
1	2	3	4	5	6	7	8	9	10

Wie erfolgreich nutzt du den mehrstufigen Verkaufs-Prozess, um skalierbar mit hoher Abschlussquote Verkaufs-Chancen in Aufträge zu verwandeln?

nicht erfolgreich			teilweise erfolgreich				sehr erfolgreich		
1	2	3	4	5	6	7	8	9	10

Wie erfolgreich erstellst, präsentierst und versendest du Angebote, die deine Kunden überzeugen und digital annehmen können?

nicht erfolgreich			teilweise erfolgreich				sehr erfolgreich		
1	2	3	4	5	6	7	8	9	10

Wie erfolgreich nutzt du Angebots-Nachfass-Kampagnen, um Angebote automatisiert nachzufassen und mehr Angebote in Aufträge zu verwandeln?

nicht erfolgreich			teilweise erfolgreich				sehr erfolgreich		
1	2	3	4	5	6	7	8	9	10

Wie erfolgreich hast du deine CRM-Prozesse im Verkaufsprozess digitalisiert und automatisiert?

nicht erfolgreich			teilweise erfolgreich				sehr erfolgreich		
1	2	3	4	5	6	7	8	9	10

Ergebnis des Verkaufsprozesses

Wie erfolgreich ist dein Verkaufs-Prozess?

Zähle jetzt die Punkte der 6 Fragen zusammen und du siehst, wie erfolgreich dein Verkaufs-Prozess aktuell ist.

nicht erfolgreich	teilweise erfolgreich	sehr erfolgreich
1 bis 18 Punkte	19 bis 42 Punkte	43 bis 60 Punkte

Dieser Schnellcheck gibt dir einen ersten Eindruck, wie erfolgreich der Verkaufs-Prozess in deinem Unternehmen ist und welche Lösungen du in deinem Unternehmen jetzt umsetzen solltest.

Auswertung

1 bis 18 Punkte

Dein Verkaufs-Prozess ist nicht erfolgreich und du hast dringenden Handlungsbedarf.

19 bis 42 Punkte

Dein Verkaufs-Prozess ist teilweise erfolgreich. Du hast einige funktionierende Verkaufs-Prozesse, die du jedoch weiter verbessern solltest.

43 bis 60 Punkte

Herzlichen Glückwunsch, du hast viele Verkaufs-Prozesse erfolgreich umgesetzt, um Interessenten zu überzeugen und Aufträge zu erhalten.

Fazit

Der Verkaufs-Prozess ist eine wichtige Stufe in der Neukundengewinnung, die dafür verantwortlich ist, dass du im Verkaufs-Prozess Interessenten in Kunden verwandelst.

Aktionsplan

Welche Herausforderungen und Probleme hast du erkannt, die in deinem Unternehmen nicht richtig funktionieren und dafür verantwortlich sind, dass deine Verkaufs-Prozess noch nicht die gewünschten Ergebnisse erzielt?

1. ____________________

2. ____________________

3. ____________________

4. ____________________

5. ____________________

Der ICOS-Bestandskunden-Kreislauf

Du weißt jetzt, wie du Neukunden gewinnst. Schauen wir uns nun an, wie du deine **bestehenden Kunden** so betreust, dass du **planbar und messbar Folge- und Zusatz-Aufträge** erhältst.

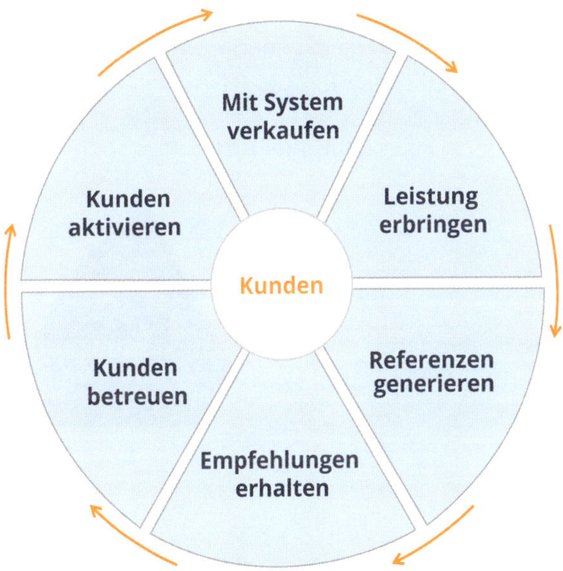

Stufe 5 – Leistung erbringen

Aufträge professionell abwickeln und Kunden begeistern

Auf dieser Stufe geht es darum, dass du Aufträge professionell abwickelst, Produkte auslieferst, deine Leistung erbringst und Kunden begeisterst.

Wie schaut es in der Praxis aus?

Probleme

In vielen Unternehmen gibt es **keine klare Vorgehensweise.**

Die **Leistungserbringung ist nicht systematisiert.** Zu viele Dinge laufen „händisch" ab. Da kann schnell mal ein Fehler passieren oder eine Verzögerung eintreten. Vielleicht hast du dies selbst schon erlebt.

Die meisten Unternehmen haben **kein Kunden-Onboarding.** Onboarding bedeutet, dem Kunden beizubringen, wie er dein Produkt oder deine Dienstleistung optimal nutzt, um den maximalen Erfolg damit zu haben.

Der Kunde sollte immer so schnell wie möglich an die Hand genommen werden.

Stell dir vor, er kauft etwas bei dir, wendet es aber gar nicht an oder nicht richtig. Dann ist dieser Kunde unzufrieden. Der Fehler liegt aber darin begründet, dass du ihm vorher nicht gezeigt hast, wie es funktioniert.

Hier passieren in Unternehmen täglich viele Fehler.

Auch eine **08/15-Umsetzung,** also die nur allernötigste Leistungserbringung, birgt das **hohe Risiko, dass Kunden schnell unzufrieden sind.**

Zu Recht.

Chancen

Viel besser und deutlich eleganter ist es, wenn du **von Anfang an eine klare Vorgehensweise** hast. Ein System, wie bei dir die Produktauslieferung beziehungsweise die Ausführung der Dienstleistungen erfolgt.

Dazu gehört auch ein **professionelles Kunden-Onboarding**, wo der Kunde sofort abgeholt wird und weiß, wie die Leistungserbringung Schritt-für-Schritt erfolgt.

In der Leistungserbringung sollten wir so viel wie möglich digitalisieren und automatisieren. Trotzdem darf der persönliche Kontakt nicht zu kurz kommen. Wir empfehlen unseren Kunden immer: Achte auf dieser Stufe auf **Top-Ergebnisse mit Herz**.

Wenn Du diese Schritte berücksichtigst, dann wirst du die Erwartungen deiner Kunden übertreffen und diese begeistern.

Begeisterte Kunden sind die Voraussetzung für Referenzen, Empfehlungen und Folge-Aufträge.

Schauen wir uns die wichtigsten Schritte im Detail an.

Leistungserbringung mit System

Professionelles Auftrags-Management und Auftrags-Abwicklung

Im Auftrags-Management gehören dazu die Schritte:

- Auftrags-Prüfung
- Auftrags-Bestätigung
- Rechnung

Nach dem kaufmännischen Auftrags-Management erfolgt die Auftrags-Abwicklung.

Hier empfehlen wir dir, standardisierte Prozesse zu definieren, damit die Abwicklung fehlerfrei, professionell und schnell erfolgt.

Achte darauf, dass dein Projekt, dein Produkt oder die Dienstleistungen, die du verkauft hast, **sauber abgewickelt wird.**

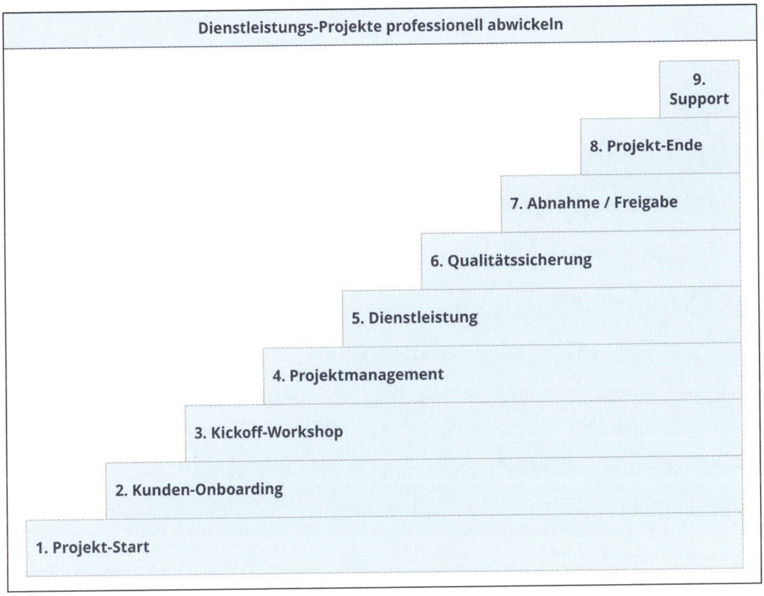

Professionelles Kunden-Onboarding

Bei einem professionellen Kunden-Onboarding fühlt sich dein Neukunde an die Hand genommen. Ihm wird gezeigt, wie er dein Produkt oder deine Dienstleistung nutzen kann.

Vielleicht ist in den ersten Wochen nach Kauf die persönliche Note sogar etwas intensiver. Auf jeden Fall merkt dein Kunde: „Ich bin nicht alleine. Hier arbeitet jemand mit Herz!“

Wir machen **Geschäfte mit Menschen** und wir freuen uns, wenn wir immer mehr digitalisieren und automatisieren können. Aber es ist die persönliche Note, die den Unterschied macht. Sie ist das, was am **Ende des Tages Kunden begeistert,** deshalb hat sie einen hohen Stellenwert.

Für das Kunden-Onboarding gibt es viele Möglichkeiten:

- Persönliches Begrüßungs-Video
- Onboarding-Termin
- Onboarding-Video-Serie
- Onboarding-E-Mail-Kampagne

Arbeite mit der Variante, die dir am meisten liegt. Sorge dafür, dass auf Kundenseite alles von Anfang an richtig gut funktioniert: dass es keine Missverständnisse gibt, dass es bei der Anwendung nicht zu Fehlern kommt oder dein Produkt beziehungsweise die Leistung nicht richtig genutzt wird.

So stellst du die Weichen für eine **erfolgreiche langfristige Kundenbeziehung.**

Produkt-Auslieferung/Leistungserbringung

Dein Produkt oder die Dienstleistung muss für deine Kunden richtig gute Ergebnisse erzielen. Sie müssen großen Mehrwert haben und echten Nutzen bieten.

Wenn du hier die Kunden-Erwartungen nur erfüllst, dann sprechen wir von Kundenzufriedenheit. Gelingt es dir, die Erwartungen zu übertreffen, ist der Kunde begeistert. Und genau das wollen wir.

Geh die Extra-Meile. Es lohnt sich.

Und denk immer daran: Wir möchten nach dem Erstauftrag **Referenzen, Empfehlungen und Folge-Aufträge** erhalten. Das gelingt uns nur, wenn wir auch **empfehlenswerte Produkte und Leistungen** haben.

Professionelles Beschwerde-Management

Wir alle sind Menschen. Es wird mal der eine oder andere Fehler passieren und ein Kunde wird unzufrieden sein.

Wenn das passiert, müssen wir sofort reagieren.

Mit „sofort" meine ich nicht, erst mal abzuwarten, ob der Kunde sich überhaupt beschwert, sondern in dem Moment aktiv zu werden, wenn wir merken, dass etwas schiefgelaufen ist.

Nichts ist jetzt wichtiger, als das Problem aus der Welt zu schaffen. Tun wir das nicht, gehen wir das Risiko ein, dass der Kunde andere über seine negative Erfahrung mit uns informiert.

Kümmere dich in solchen Fällen sofort um die Beschwerde.

Tipp: Begeistere deine Kunden auch durch ein professionelles Reklamations-Management.

Wenn Fehler geschehen, lerne daraus. Ergreife Maßnahmen, dass so etwas in Zukunft nicht mehr passiert. Optimiere deine Prozesse und Automatisierungen.

Das CRM-System in der Leistungserbringung

In der Leistungserbringung ist ein CRM-System von besonderer Wichtigkeit und muss viele Prozesse übernehmen:

- Aus gewonnenen Verkaufs-Chancen werden Aufträge erstellt.
- Falls es noch keinen Kunden-Ordner gibt, erstellt eine Automatisierung im CRM-System einen Kunden-Ordner, in dem alle Dokumente der Leistungserbringung abgelegt werden.
- Neue Aufträge müssen gewissenhaft geprüft werden, bevor automatisiert Auftragsbestätigungen und Rechnungen erstellt werden.
- Bei einem Produkt-Verkauf bereitet das CRM die Auslieferung bzw. den Versand vor.
- Bei einer Dienstleistungserbringung übernimmt das CRM-System die Projektvorbereitung, erstellt einen Projektplan und weist die Aufgaben für die Leistungserbringung den richtigen Mitarbeitern zu.

Häufig gemachte Fehler in der Leistungserbringung

- **Fehlende Prozesse für die Leistungserbringung**

  Es gibt keine standardisierten Abläufe und Prozesse, wie die Produktauslieferung beziehungsweise Leistungserbringung erfolgen.

- **Fehlendes Kunden-Onboarding**

  Es gibt kein professionelles Kunden-Onboarding, in

dem der Kunde an die Hand genommen wird. Dadurch entstehen Missverständnisse, es kommt zu Fehlern in der Anwendung und der Kunde ist schnell unzufrieden.

- **Unprofessionelles Beschwerde-Management**

  Wenn ein Fehler passiert und ein Kunde uns dies mitteilt, muss professionell damit umgegangen und das Problem sofort gelöst werden. Gelingt uns das nicht, ist der Kunde unzufrieden und erzählt anderen davon.

Selbstcheck – Leistungserbringung

In diesem Kapitel hast du gelernt, wie wichtig die Leistungserbringung im Kundenkreislauf ist und mit welchen Lösungen du Aufträge professionell abwickelst, Produkte auslieferst, deine Leistung erbringst, um Kunden zu begeistern.

Die nachfolgenden Fragen helfen dir zu überprüfen, wie erfolgreich die Leistungserbringung in deinem Unternehmen funktioniert.

Wie erfolgreich nutzt du das Auftrags-Management und die Auftrags-Abwicklung, um Kunden zu begeistern und Service zu bieten?

nicht erfolgreich			teilweise erfolgreich				sehr erfolgreich		
1	2	3	4	5	6	7	8	9	10

Wie erfolgreich nutzt du das Kunden-Onboarding, um neue Kunden Schritt für Schritt zu begeistern und deinen Kunden bestmögliche Ergebnisse zu ermöglichen?

nicht erfolgreich			teilweise erfolgreich				sehr erfolgreich		
1	2	3	4	5	6	7	8	9	10

Wie erfolgreich und nutzbringend sind deine Produkte und Leistungen?

nicht erfolgreich			teilweise erfolgreich				sehr erfolgreich		
1	2	3	4	5	6	7	8	9	10

Wie erfolgreich übertriffst du die Erwartungen und begeisterst deine Kunden?

nicht erfolgreich			teilweise erfolgreich				sehr erfolgreich		
1	2	3	4	5	6	7	8	9	10

Wie erfolgreich, professionell und schnell behandelst du Beschwerden und Reklamationen?

nicht erfolgreich			teilweise erfolgreich				sehr erfolgreich		
1	2	3	4	5	6	7	8	9	10

Wie erfolgreich hast du deine CRM-Prozesse in der Leistungserbringung digitalisiert und automatisiert?

nicht erfolgreich			teilweise erfolgreich				sehr erfolgreich		
1	2	3	4	5	6	7	8	9	10

Ergebnis der Leistungserbringung

Wie erfolgreich ist deine Leistungserbringung?

Zähle jetzt die Punkte der 6 Fragen zusammen und du siehst, wie erfolgreich deine Leistungserbringung aktuell ist.

nicht erfolgreich	teilweise erfolgreich	sehr erfolgreich
1 bis 18 Punkte	19 bis 42 Punkte	43 bis 60 Punkte

Dieser Schnellcheck gibt dir einen ersten Eindruck, wie erfolgreich die Leistungs-Erbringung in deinem Unternehmen umgesetzt ist und welche Lösungen du in deinem Unternehmen jetzt umsetzen solltest.

Auswertung

1 bis 18 Punkte

Deine Leistungserbringung ist nicht erfolgreich und du hast dringenden Handlungsbedarf.

19 bis 42 Punkte

Deine Leistungserbringung ist teilweise erfolgreich. Du hast einige funktionierende Prozesse in der Leistungserbringung, die du jedoch weiter verbessern solltest.

43 bis 60 Punkte

Herzlichen Glückwunsch, du hast viele Leistungserbringungs-Prozesse erfolgreich umgesetzt, mit welchen du Aufträge professionell abwickelst, Produkte auslieferst, deine Leistung erbringst und Kunden begeisterst.

Fazit

Die Leistungserbringung ist eine wichtige Stufe im Kunden-Kreislauf, die dafür verantwortlich ist, dass du ein professionelles Auftrags-Management und Auftrags-Abwicklung etablierst, um deine Kunden zu begeistern.

Aktionsplan

Welche Herausforderungen und Probleme hast du erkannt, die in deinem Unternehmen nicht richtig funktionieren und dafür verantwortlich sind, dass deine Leistungserbringung noch nicht die gewünschten Ergebnisse erzielt?

1. ____________________

2. ____________________

3. ____________________

4. ____________________

5. ____________________

Stufe 6 – Referenzen generieren

So werden aus begeisterten Kunden aktive Referenzkunden

Auf dieser Stufe geht es darum, wie du mithilfe automatisierter Systeme täglich positive Bewertungen und Referenzen generierst.

Wenn du die Leistungserbringung und Kundenbegeisterung richtig gut gemeistert hast, dann sind die optimalen Voraussetzungen für dein **erfolgreiches Referenz-Marketing** geschaffen.

Referenz-Marketing bedeutet: Wir holen uns von begeisterten Kunden Bewertungen.

Anders gesagt: Wir erhalten Bewertungen und aus diesen Bewertungen entwickeln wir Referenzen.

Dazu müssen wir natürlich zunächst **Bewertungsanlässe schaffen** und **regelmäßig Umfragen tätigen.** Wie sonst sollen wir wissen, wie zufrieden die Kunden mit unseren Produkten und Leistungen sind?

Auch an dieser Stelle sollten wir aus den Ergebnissen lernen und die eigenen **Produkte und Leistungen stetig verbessern.**

Wir bei der IcosMedia entwickeln jedes Jahr eine neue Version unseres Trainings **„So verkauft man heute".** Dadurch bleiben unsere Inhalte und Tools immer am Puls der Zeit.

Wir prüfen die Ergebnisse, die unsere Kunden mit unseren Produkten erzielen. Wir prüfen das Feedback der Kunden. Wir schauen uns alles sehr genau an.

Jedes Jahr zum Jahreswechsel entsteht so eine neue Version.

Speziell im letzten Jahr gab es starke Veränderungen in den Abläufen und Prozessen. Die CRM-Systeme erhielten viele neue Funktionen, sodass es auch für uns notwendig war, größere Veränderungen vorzunehmen.

Du bist herzlich eingeladen, bei einem der nächsten Termine dabei zu sein.

Einladung ins Training „So verkauft man heute"

Im Bonus-Bereich zum Buch findest du eine Einladung für die Teilnahme am Training „So verkauft man heute". Hier gelangst du zum Bonus-Bereich:

www.kunden-mit-system.online/bonus

Wie schaut es in der Praxis aus?

Probleme

Die meisten Unternehmen haben **keine schriftlich definierten Referenzanlässe.** Das bedeutet: Sie bitten den Kunden nicht um seine Bewertung, sobald er ein Produkt gekauft oder eine Leistung abgerufen hat.

Wenn überhaupt, versenden die Unternehmen **eine Bewertungs-E-Mail** mit einem Link. In der Regel tun sie dies nur dann, wenn sie glauben, der Kunde sei zufrieden.

Das Ergebnis dieser Vorgehensweise: nur eine Handvoll Bewertungen pro Jahr.

Der Hauptgrund, warum Unternehmen so agieren, ist Angst. Angst vor einer schlechten Bewertung auf Google & Co. Diese Angst führt dazu, dass die meisten Unternehmen lieber doch keine Bewertungs-E-Mail versenden.

Aus dem Grund verfügen die meisten Unternehmen **nur über wenige positive Referenzen.** Doch das reicht heute nicht mehr.

Bestimmt kennst du es selbst: Wenn du im Internet, zum Beispiel bei Amazon oder eBay, etwas kaufen möchtest, schaust du sofort auf die Rezensionen. Wenn keine da sind oder zu wenig Sterne für dieses Produkt vergeben wurden, kaufst du es nicht. Du gehst zu dem Anbieter oder dem Produkt, das die meisten Sterne hat.

In der heutigen Wirtschaft sind Referenzen nicht mehr wegzudenken. Dennoch wird ihnen noch viel zu wenig Beachtung geschenkt. Ein großer Fehler!

Chancen

Mach es anders, agiere zeitgemäß: Definiere **alle deine Referenzanlässe,** gern schon auf der Stufe der Leadgenerierung. Lass deinen Lead-Magneten bewerten, deine Broschüren, Videos und Webinare. Sie können genauso bewertet werden wie eine spätere Leistung oder ein Produkt.

Im besten Falle hast du so nach einem Webinar bereits 25, 30 oder sogar 50 neue Referenzen.

Natürlich sollte auch dieser Ablauf automatisiert sein. Wir alle haben genug Aufgaben in unserem Tag und keine Zeit, Bewertungen einzeln einzusammeln. Wir wollen uns auch nicht bei jedem Kunden überlegen: Schicke ich dem jetzt noch eine Bewertungs-E-Mail?

Deshalb brauchst du ein **automatisiertes Referenzsystem,** das dir diese Aufgabe abnimmt.

Darüber hinaus brauchst du ein **Bewertungssystem,** das automatisch erkennt: Wer ist zufrieden? Wer ist nicht zufrieden?

Dadurch brauchst du keine Angst mehr vor schlechten Bewertungen zu haben und erhältst jeden **Tag positive Bewertungen.** Aus ihnen kannst du Referenzen und Case Studies erstellen.

Damit hast du alles, was du brauchst: Deine Neukunden bauen Vertrauen zu dir auf, halten dich für glaubwürdig und entscheiden sich für die Zusammenarbeit mit dir.

Was bedeutet dies für dich?

Referenz-Marketing mit System

Definiere deine Referenzanlässe.

Denk dabei nicht nur an Kunden oder Aufträge, sondern auch an Lead-Magneten (Broschüren, Checklisten, Videos, Webinare etc.) und die Leadqualifizierung. Lass dir deine Erstberatung bewerten. All dies sind sehr gute Anlässe, um nach einer Bewertung zu fragen.

Erstelle Referenz-Kampagnen

Erstelle Referenz-Kampagnen, die voll automatisiert Bewertungen einholen.

Dazu brauchst du wieder dein CRM-System. Ohne geht es nicht.

Das CRM-System stellt sicher, dass automatisiert eine Referenz-Kampagne gestartet wird, sobald ein Referenz-Anlass eingetreten ist.

Bewertungs-System

Stell sicher, dass du Bewertungs-Systeme hast, die erkennen, ob ein Kunde zufrieden ist oder nicht.

Am einfachsten geht das zum Beispiel mit einer E-Mail:

> **Ihre Meinung ist uns wichtig**
>
> Sehr geehrte/r Frau/Herr ...,
>
> vielen Dank, dass Sie an unserem Webinar teilgenommen haben. Ihre Bewertung hilft uns, weitere Kunden zu überzeugen und mehr Sichtbarkeit im Internet zu bekommen.
>
> Bitte nehmen Sie sich eine Minute Zeit, uns ein kurzes Feedback zu geben.
>
> Wie hat Ihnen das Webinar gefallen?
>
> ★★★★★ 5 Sterne - sehr gut
>
> ★★★★☆ 4 Sterne - gut
>
> ★★★☆☆ 3 Sterne - befriedigend
>
> ★★☆☆☆ 2 Sterne - ausreichend
>
> ★☆☆☆☆ 1 Stern - schlecht
>
> Vielen Dank für Ihre Unterstützung.
>
> Sie helfen uns so, unsere Webinare weiter zu verbessern und zu optimieren.
>
> Herzliche Grüße
>
> Ihr Thomas Stahl

Jemand, der in dieser E-Mail auf die 5-Sterne- und 4-Sterne-Bewertung klickt, ist zufrieden und wird auf ein Bewertungs-Portal, wie zum Beispiel Google MyBusiness oder ProvenExpert, weitergeleitet.

Wir empfehlen dir, dich für ProvenExpert als Bewertungs-

Portal zu entscheiden, denn dort erhältst du zusätzlich noch Siegel und weitere Auszeichnungen.

Wer unzufrieden ist und auf die 3-, 2- oder 1-Stern-Bewertung klickt, landet im Reklamations-Management. Unzufriedene Kunden müssen zuerst im Reklamations-Management bearbeitet werden.

Erst wenn die Reklamation positiv behandelt wurde, fordern wir Kunden ebenfalls zu einer Bewertung auf.

Referenz-Prozess

Du brauchst auch einen Referenz-Prozess. Das ist ein automatisierter CRM-Prozess, der dich unterstützt, jede Bewertung in eine wertvolle Referenz zu verwandeln.

Eine Referenz ist weit mehr als nur eine Bewertung. Bei einer Referenz erhältst du ein Foto und ein Testimonial vom Kunden, das du auf deiner Webseite veröffentlichen kannst.

Du kannst auch ein Kunden-Interview führen und daraus eine Case Study erstellen, in der dein Kunde berichtet, wie seine Situation vor der Zusammenarbeit war, was in der Zusammenarbeit verändert wurde und welche Ergebnisse er dadurch erzielt hat.

Eine Referenz hat qualitativ eine stärkere Wirkung als eine Bewertung.

KI-gestützte Referenz-Erstellung

Stell dir vor, du bietest deinen Teilnehmern nach einem Webinar einen kurzen Fragebogen an:

- Wie hat Ihnen das Webinar gefallen?
- Wie hat Ihnen der Referent gefallen?
- Wie hat Ihnen das Teilnehmer-Material gefallen?
- Wie hat Ihnen die Methodik gefallen?
- Welche Themen waren für Sie besonders interessant?

Der Kunde klickt alles der Reihe nach an, bewertet und ab jetzt übernimmt wieder das CRM den weiteren Prozess.

Es überträgt die Fragen und Antworten an ChatGPT. ChatGPT erstellt auf Basis der Antworten ein **individuelles Testimonial** und sendet dieses zurück ins CRM.

Einen Tag später versendet das CRM automatisiert eine E-Mail an den Kunden:

> „Liebe Frau Mustermann,
>
> vielen Dank für Ihr Feedback zum Seminar. Ich habe mir Ihre Rückmeldung angesehen und Ihnen auf der Basis Ihrer Antworten ein kurzes Testimonial geschrieben.
>
> Ich wäre Ihnen dankbar, wenn Sie sich kurz die Zeit nehmen würden, dieses Testimonial zu veröffentlichen. Am liebsten auf ProvenExpert oder Google.
>
> Wenn Sie noch Änderungen vornehmen wollen, sehr gerne. Hier mein Testimonial, das ich für Sie erstellt habe …“

Wow! 95 Prozent bewerten jetzt, weil ihnen die wichtigste Arbeit abgenommen wurde, diesen kleinen Dreizeiler zu schreiben, was die meisten nicht schaffen.

Unser Tipp: Nutze eine Umfrage und dein CRM-System und lass ChatGPT die Arbeit machen.

Aktives Referenz-Marketing

Setze deine Bewertungen und Referenzen überall ein. Du brauchst sie.

Denke dabei an:

- Websites und Landingpages,
- Social-Media-Profile,
- Lead-Magneten,
- Online-Terminvereinbarungen,
- Follow-up-Kampagnen,
- etc.

Websites und Landingpages mit vielen positiven Referenzen steigern die Konvertierungs-Quoten um ein Vielfaches.

Ein professionelles Referenz-Marketing unterstützt dich dabei, viel einfacher Neukunden zu gewinnen.

Das CRM-System im Referenz-Marketing

Hier noch einmal alle Aufgaben, die dein CRM-System im Referenz-Marketing erfüllen sollte:

- Im CRM definierst du die Referenz-Anlässe.
- Im CRM erstellst du Referenz-Kampagnen, die beim Eintreten eines Referenz-Anlasses automatisch ausgeführt werden.
- Im CRM erstellst du die Bewertungs-Systeme, die unzufriedene Bewertungen erkennen und filtern.
- Im CRM erstellst du Umfragen und verbindest diese mit ChatGPT, um individuelle Testimonials automatisiert zu erstellen.
- Im CRM nutzt du Blueprints, um Bewertungen in Referenzen zu verwandeln.
- Im CRM speicherst du alle deine Bewertungen und Referenzen, um jederzeit auf passende Referenzen zugreifen zu können.

Häufig gemachte Fehler im Referenz-Marketing

- **Fehlende Referenz-Anlässe**

  Es gibt keine definierten Referenz-Anlässe, bei denen eine Referenz-Kampagne gestartet wird.

- **Fehlende Referenz-Kampagnen**

  Es gibt keine Referenz-Kampagnen, die automatisiert nach einer Bewertung fragen.

- **Fehlende Bewertungs-Systeme**

  Es gibt keine Bewertungs-Systeme, die erkennen, ob ein Kunde zufrieden oder unzufrieden ist, bevor er zur Bewertung aufgefordert wird.

Selbstcheck – Referenz-Marketing

In diesem Kapitel hast du gelernt, wie wichtig das Referenz-Marketing im Kunden-Kreislauf ist und wie du mithilfe automatisierter Systeme täglich positive Bewertungen und Referenzen generierst.

Die nachfolgenden Fragen helfen dir zu überprüfen, wie erfolgreich das Referenz-Marketing in deinem Unternehmen funktioniert.

Wie erfolgreich nutzt du Bewertungs-Anlässe und Bewertungs-Kampagnen, um automatisiert täglich neue Bewertungen zu erhalten?

nicht erfolgreich			teilweise erfolgreich				sehr erfolgreich		
1	2	3	4	5	6	7	8	9	10

Wie erfolgreich nutzt du positive Bewertungen, um diese automatisiert in Kundenstimmen und Testimonials zu verwandeln?

nicht erfolgreich			teilweise erfolgreich				sehr erfolgreich		
1	2	3	4	5	6	7	8	9	10

Wie erfolgreich nutzt du Fortschritts-Berichte und Umfragen, um Kunden-Erfolge und -Ergebnisse zu dokumentieren und in Referenzen und Case Studies zu verwandeln?

nicht erfolgreich			teilweise erfolgreich				sehr erfolgreich		
1	2	3	4	5	6	7	8	9	10

Wie erfolgreich nutzt du Bewertungen, Kunden-Stimmen und Case Studies als Glaubwürdigkeits- und Vertrauens-Verstärker in der Neukundengewinnung und Kundenbetreuung?

nicht erfolgreich			teilweise erfolgreich				sehr erfolgreich		
1	2	3	4	5	6	7	8	9	10

Wie erfolgreich nutzt du externe Bewertungs-Portale und Wettbewerbe, um durch Auszeichnungen, Siegel und Zertifikate das Image und die Reputation deines Unternehmens weiter zu steigern?

nicht erfolgreich			teilweise erfolgreich				sehr erfolgreich		
1	2	3	4	5	6	7	8	9	10

Wie erfolgreich hast du deine CRM-Prozesse im Referenz-Marketing digitalisiert und automatisiert?

nicht erfolgreich			teilweise erfolgreich				sehr erfolgreich		
1	2	3	4	5	6	7	8	9	10

Ergebnis des Referenz-Marketings

Wie erfolgreich ist dein Referenz-Marketing?

Zähle jetzt die Punkte der 6 Fragen zusammen und du siehst, wie erfolgreich dein Referenz-Marketing aktuell ist.

nicht erfolgreich	teilweise erfolgreich	sehr erfolgreich
1 bis 18 Punkte	19 bis 42 Punkte	43 bis 60 Punkte

Dieser Schnellcheck gibt dir einen ersten Eindruck, wie erfolgreich das Referenz-Marekting in deinem Unternehmen umgesetzt ist und welche Lösungen du in deinem Unternehmen jetzt umsetzen solltest.

Auswertung

1 bis 18 Punkte

Dein Referenz-Marketing ist nicht erfolgreich und du hast dringenden Handlungsbedarf.

19 bis 42 Punkte

Dein Referenz-Marketing ist teilweise erfolgreich. Du hast einige funktionierende Referenz-Marketing-Prozesse, die du jedoch weiter verbessern solltest.

43 bis 60 Punkte

Herzlichen Glückwunsch, du hast viele Referenz-Marketing-Prozesse erfolgreich umgesetzt, mit welchen du täglich positive Bewertungen und Referenzen generierst.

Fazit

Das Referenz-Marketing ist eine wichtige Stufe im Kunden-Kreislauf, die dafür verantwortlich ist, dass du einfacher Neukunden- und Bestandskunden-Aufträge erhältst.

Aktionsplan

Welche Herausforderungen und Probleme hast du erkannt, die in deinem Unternehmen nicht richtig funktionieren und dafür verantwortlich sind, dass dein Referenz-Marketing noch nicht die gewünschten Ergebnisse erzielt?

1. ______________________________

2. ______________________________

3. ______________________________

4. ______________________________

5. ______________________________

Stufe 7 – Empfehlungen erhalten

So werden deine begeisterten Kunden zu aktiven Empfehlern

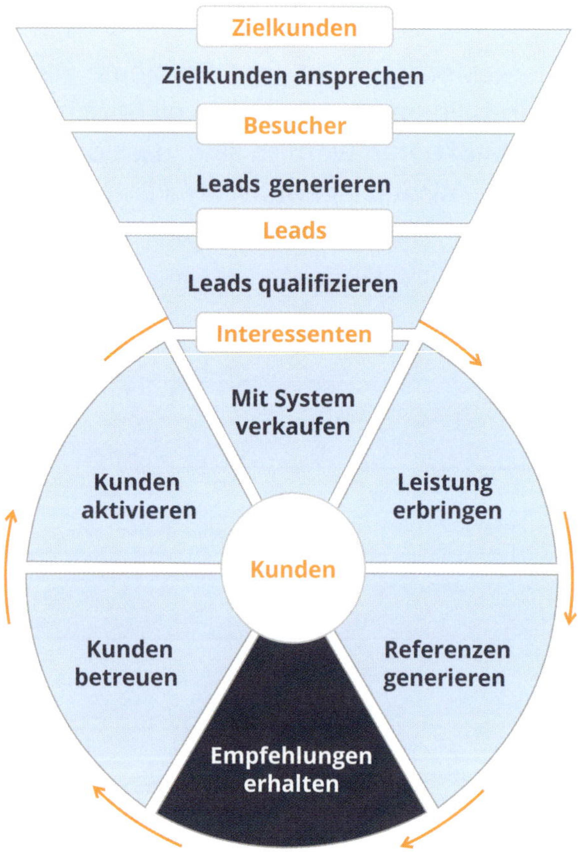

Auf dieser Stufe geht es darum, wie du es nicht dem Kunden überlässt, dich weiterzuempfehlen, sondern Systeme nutzt, die Empfehlungen für dich einholen. Und das täglich, planbar und messbar.

Dies gelingt uns durch **Empfehlungs-Anlässe** und auch dadurch, dass wir das **Empfehlen einfach machen** und unsere **Empfehler regelmäßig motivieren.**

Wie schaut es in der Praxis aus?

Probleme

Die meisten Unternehmen führen **keine aktive Empfehlungs-Ansprache** durch. Es gibt keine speziellen Empfehlungs-Angebote, sodass die Kunden meistens nur teure Produkte und Leistungen empfehlen können.

Darüber hinaus fehlen **Empfehlungs-Prozesse.**

Dadurch kommen **Empfehlungen zufällig** und **nur sehr vereinzelt herein.**

Chancen

Wenn du die Anzahl der Empfehlungen signifikant erhöhen willst, brauchst du eine **digitale und automatisierte Empfehlungs-Ansprache.**

Denn jeder Lead, jeder Interessent und jeder Kunde könnte für dich ein Empfehler sein.

Damit du diesen Personen das Empfehlen einfach machst, brauchst du **empfehlenswerte Empfehlungs-Angebote.**

Wo stehst du aktuell bei diesem Thema?

Unser Tipp: Frag doch mal deine Kunden: „Wie empfehlenswert sind meine Angebote auf einer Skala von 1 bis 10?“

Lass dich von ihnen bewerten und sei gespannt auf ihre

Antworten. Sie können dir nur helfen, noch besser zu werden.

Viele Unternehmen erleben hier eine Überraschung. Denn spätestens an dieser Stelle kommt die Frage auf:

„Was muss ich tun, damit meine Angebote viel empfehlenswerter werden?"

Mit einem **automatisierten Empfehlungs-System** machst du deinen Kunden das Empfehlen einfach.

Empfehlungen funktionieren heute ganz stark über WhatsApp, E-Mail und Social Media. Das heißt, du brauchst auch hier wieder digitale Prozesse, damit alles funktioniert. Wir gehen gleich im Detail auf die verschiedenen Möglichkeiten ein.

Es ist durchaus realistisch, dass du **täglich Empfehlungen erhältst.** Und zwar nicht nur eine Empfehlung, sondern 2, 3 oder sogar mehr.

Empfehlungen sind deshalb besonders wertvoll, weil sie deutlich besser konvertieren als herkömmliche Leads. Eine Empfehlung ist für viele Unternehmen 5- bis 10-mal wertvoller als ein normaler Lead.

Ein automatisiertes Empfehlungssystem erzeugt **hochkarätige Leads** für dich und ist der beste Weg, um neue Kunden zu gewinnen. **Unabhängig von Google & Co.!**

Empfehlungen kommen auch mit einem Empfehlungs-System nicht automatisch. Wir zeigen dir im Folgenden den einfachsten Weg, wie du an gute und schnelle Empfehlungen kommst.

Empfehlungs-Marketing mit System

Empfehlungs-Anlässe

Du definierst **Anlässe,** bei denen du Leads, Interessenten und Kunden aktiv auf Empfehlungen ansprichst. Bestimmte Situationen eignen sich dafür besonders gut.

Beispiel: Projekt-Abschlussgespräch

Wenn du zum Beispiel Dienstleister bist und ein Projekt abgeschlossen hast, dann solltest du ein Abschlussgespräch führen und in diesem Gespräch gezielt nach Empfehlungen fragen.

Empfehlungs-Kampagnen

Eine Empfehlungs-Kampagne ist eine Kampagne, die in deinem CRM-System ausgelöst wird, wenn ein bestimmter **Auslöser** greift.

Im letzten Kapitel haben wir über Bewertungen und Bewertungs-Portale gesprochen.

Wenn du zum Beispiel ProvenExpert für Bewertungen nutzt, dann wird dort die Frage gestellt:

„Würden Sie Firma XY weiterempfehlen?"

Hier ein Beispiel aus einer unserer Umfragen von ProvenExpert:

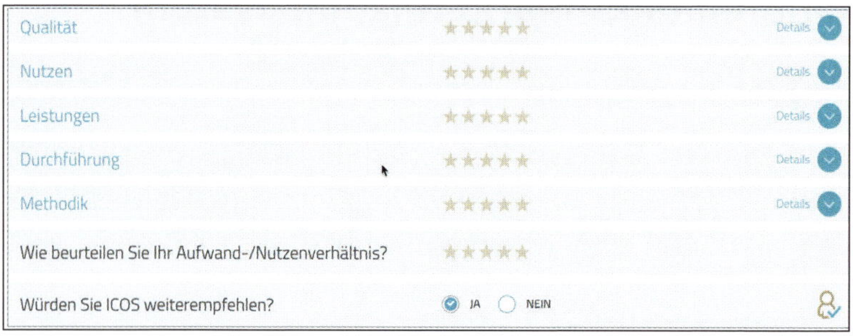

Wird diese Frage mit JA beantwortet, dann kannst du eine **Empfehlungs-Kampagne starten.**

Damit so eine Kampagne automatisiert läuft, musst du zum Beispiel ein Bewertungs-Portal wie ProvenExpert in dein CRM-System integrieren.

Beachte: Nur wenn solche Empfehlungs-Kampagnen automatisiert sind, bekommst du täglich Empfehlungen.

Übrigens: Die Empfehlungs-Kampagne bezieht sich auf den Empfehlungs-Auslöser, erklärt dem Kunden genau, wie er durch Empfehlungen profitieren kann und wie das automatisierte Empfehlungs-System funktioniert.

Der Kunde erfährt zum Beispiel auch, welche Incentivierungen (das sind Anreize und Belohnungen in Form von Prämien, Punkten, Produkten oder Provisionen) er erhält und wie er diese bei dir einlösen kann.

Vielleicht kennst du es von dir selbst: Menschen lieben Belohnungen und sind dadurch motiviert. Für ein Geschenk oder eine kleine Überraschung sind viele gern bereit, etwas Gutes für dich zu tun.

Empfehlungs-Angebote

Die meisten Unternehmen gehen davon aus, dass Kunden ihre normalen Produkte und Leistungen empfehlen sollen. Das ist möglich und funktioniert auch.

Weitaus besser ist es, wenn du **spezielle Empfehlungs-Angebote** hast, die Empfehlungen besonders leicht machen, weil sie **attraktiver** sind.

Du wirst dadurch eine deutlich größere Zahl an Empfehlungen erhalten.

Beispiel

Wenn dir dieses Buch gefällt und du es gerne anderen Inhabern, Geschäftsführern und Selbstständigen empfehlen willst, dann haben wir speziell dafür eine Landingpage geschaffen.

Empfehlen und profitieren

Dir gefällt dieses Buch und du möchtest es anderen Inhabern, Geschäftsführern und Selbstständigen weiterempfehlen und gleichzeitig davon profitieren? Dann findest du im Bonus-Bereich zum Buch den Link zum Empfehlungs-System. Hier gelangst du zum Bonus-Bereich:

www.kunden-mit-system.online/bonus

Ein Buch ist ein geniales Empfehlungs-Angebot.

Es ist einfach weiterzuempfehlen. Das Risiko für den Empfehler ist minimal und der Empfohlene bekommt schnell einen ersten professionellen Eindruck.

Neben Büchern gibt es noch viele weitere attraktive Empfehlungs-Angebote, zum Beispiel solche, die preisgünstiger sind als deine normalen Produkte oder Dienstleistungen:

- Webinare (zum Beispiel 2-stündige Online-Events)
- Online-Kurse (zum Beispiel Online-Kurs zu deinem Thema)
- Seminare (zum Beispiel ein Live-Seminar oder Training)
- Workshop (zum Beispiel ein individueller Bedarfs-Analyse-Workshop)

Solche Empfehlungs-Angebote sind noch wirkungsvoller, wenn du zum Beispiel eine 100-Prozent-Zufriedenheits-Garantie oder eine Geld-zurück-Garantie anbietest.

Wie erfahren potenzielle Kunden von deinen Spezial-Angeboten? Dafür brauchst du automatisierte Empfehlungs-Systeme.

Automatisierte Empfehlungs-Systeme

Ein automatisiertes Empfehlungs-System ist ein System, mit dem dich deine Kunden ganz einfach weiterempfehlen können.

Du kannst zum Beispiel für jeden Kunden, automatisiert durch dein CRM-System, eine personalisierte Empfehlungs-Landingpage erstellen.

Keine Sorge: Du erstellst natürlich keine ganze Seite für jeden Kunden, sondern eine Seite, die über einen speziellen Link für den Kunden personalisiert wird.

Beispiel

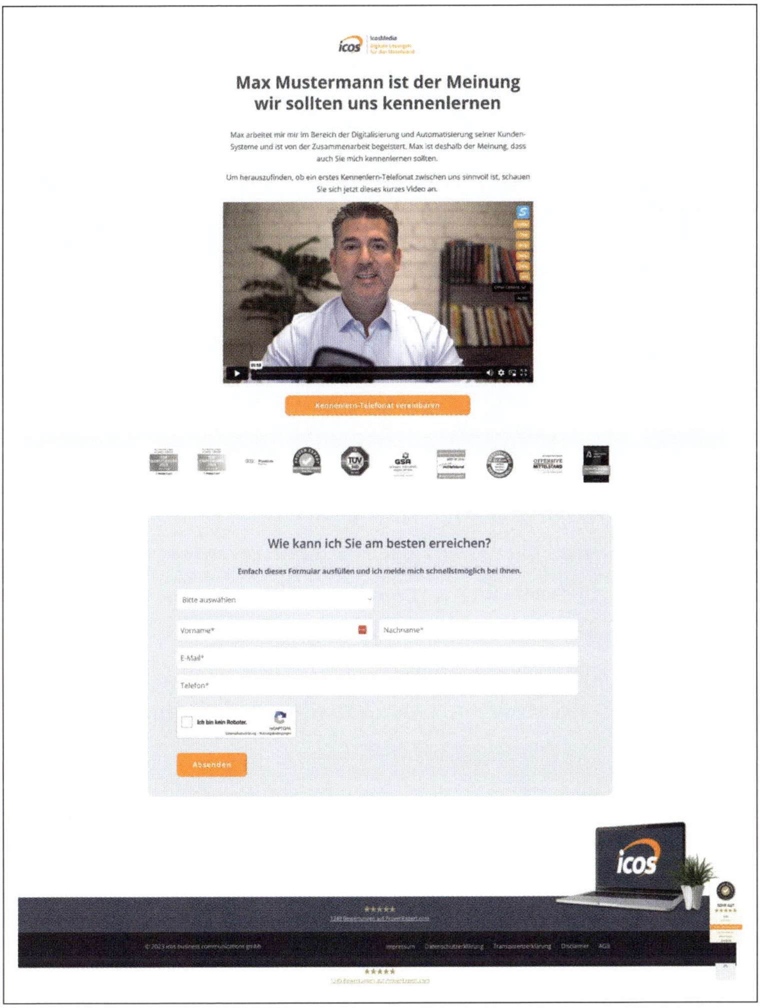

Beispiel: Personalisierte Empfehlungs-Landing-Pages

Diese Seite wird durch den **Link im Namen des Empfehlers** personalisiert. In der Überschrift steht jeweils der Name des Empfehlers, in diesem Fall „Max Mustermann“.

Auf dieser Seite solltest du dich und dein Empfehlungs-Angebot mit einem kurzen Empfehlungs-Video vorstellen.

Wenn der Empfohlene Interesse hat, trägt er sich über das Formular ein. Im Formular gibt es versteckte Felder, die nicht sichtbar sind und in denen unter anderem der Empfehler eingetragen ist.

So kannst du bei jeder neuen Empfehlung sofort erkennen, über welchen Empfehler sie zustande gekommen ist.

Jedes Unternehmen kann ein solches System nutzen.

Hier noch ein paar weitere Möglichkeiten für digitale und automatisierte Empfehlungsprogramme:

Social-Media-Sharing: Integriere Social-Media-Funktionen in deine Website, die es deinen Kunden möglich macht, ihre Einkäufe und Erfahrungen mit dir und deinen Produkten und Dienstleistungen ganz einfach in ihren sozialen Netzwerken zu teilen. Mit automatisierten Benachrichtigungen und Anreizen ermutigst du deine Kunden dazu, diese Funktionen zu nutzen.

Affiliate-Programme: Durch spezielle Empfehlungsprogramme ermöglichst du es deinen Kunden, Belohnungen und Provisionen zu erhalten, wenn sie deine Produkte oder Dienstleistungen erfolgreich an andere weiterempfehlen. Die Belohnungen werden automatisch in deinem CRM verwaltet und deine Kunden werden sofort für erfolgreiche Empfehlungen entlohnt.

Denke immer daran: Die meisten Menschen haben in der Regel wenig Zeit.

Je leichter du es ihnen machst, dich weiterzuempfehlen, umso wahrscheinlicher werden sie es tun.

Gib ihnen alle nötigen **Hilfsmittel, Bausteine und Formulierungen** an die Hand, damit das Empfehlen deiner Produkte und Dienstleistungen ein Kinderspiel wird.

Wir sagen dir aus eigener Erfahrung und der unserer Kunden: Dies ist nur mit einer Automatisierung zu erreichen.

Empfehler-Kommunikation

Du solltest dich auch sofort beim Empfehler für die Empfehlung bedanken. Jede Empfehlung ist für dich Gold wert. Entsprechend solltest du dies wertschätzen.

Viele Unternehmen vernachlässigen ihre Empfehler und informieren sie nicht, wenn eine Empfehlung zustande gekommen ist.

Eine verpasste Chance, denn ein Empfehler, der dich einmal empfohlen hat, empfiehlt dich mehrfach weiter, wenn du dich bedankst und auch über den Status einer Empfehlung informierst.

Keine Sorge, dein CRM-System behält natürlich den Überblick über alle Empfehlungen und informiert deine Empfehler regelmäßig über den Status.

Zusätzlich kannst du weitere Incentivierungen nutzen.

Empfehler-Incentivierung

Du kannst zum Beispiel für jede Empfehlung **Empfehlungs-Punkte** geben, die dann in Prämien getauscht werden können. Empfehlungs-Punkte sind eine einfache Möglichkeit, sofort Empfehlern für deren Empfehlung zu danken.

Darüber hinaus kannst du eine **Erfolgs-Provision** ausbezahlen, wenn aus einer Empfehlung ein Kunde wird.

Sollten in deiner Branche Erfolgs-Provisionen nicht gern gesehen oder nicht durchführbar sein, kannst du alternativ im Namen des Empfehlers eine **Spende an eine Hilfsorganisation** seiner Wahl leisten.

Denke dir wirklich etwas Schönes und Passendes aus. Damit erzeugst du gute Gefühle auf allen Seiten und echten Win-win-win: für den Empfehler, den neuen Kunden wie auch für dich.

Das CRM im Empfehlungs-Marketing

Das komplette Empfehlungs-Marketing wird wieder über das CRM-System gesteuert.

- Im CRM definierst du die Empfehlungs-Anlässe.
- Im CRM erstellst du die Empfehlungs-Kampagnen.
- Im CRM werden für jeden Lead und Kontakt automatisiert Links für personalisierte Empfehlungs-Landingpages erstellt.
- Im CRM erstellst du ein automatisiertes Empfehlungs-System, in dem Empfehlungen direkt mit dem Empfehler verknüpft werden.
- Im CRM erstellst du ein Dashboard für Empfehlungen,

auf dem du sofort erkennst, wie viele Empfehlungen du bekommst und wer die Top-Empfehler sind.

- Im CRM erstellst du die Empfehler-Incentivierung, mit der du Empfehlungs-Punkte und Erfolgs-Provisionen verwaltest.

Häufig gemachte Fehler beim Empfehlungs-Marketing

- **Fehlende Empfehlungs-Kampagnen**

  Es gibt keine Empfehlungs-Auslöser und keine Empfehlungs-Kampagnen, die automatisiert Kunden auf Empfehlungen ansprechen.

- **Fehlende Empfehlungs-Systeme**

  Es gibt keine automatisierten Empfehlungs-Systeme, die es Kunden einfach machen, dich und dein Angebot mit einer personalisierten Empfehlungs-Landingpage weiterzuempfehlen.

- **Fehlende Empfehler-Kommunikation**

  Es gibt keine Kommunikation mit Empfehlern. Kunden, die dich und deine Angebote weiterempfohlen haben, werden nicht über neue Empfehlungen informiert. Es gibt keine Rückmeldungen, zum Beispiel Status-Updates, ob aus Empfehlungen Aufträge entstanden sind.

Selbstcheck – Empfehlungs-Marketing

In diesem Kapitel hast du gelernt, wie wichtig das Empfehlungs-Marketing im Kunden-Kreislauf ist und mit welchen Lösungen du täglich Empfehlungen erhältst.

Die nachfolgenden Fragen helfen dir zu überprüfen, wie erfolgreich das Empfehlungs-Marketing in deinem Unternehmen funktioniert.

Wie erfolgreich nutzt du Empfehlungs-Angebote, um das Empfehlen für deine Kunden einfach zu machen?

nicht erfolgreich			teilweise erfolgreich				sehr erfolgreich		
1	2	3	4	5	6	7	8	9	10

Wie erfolgreich schaffst du regelmäßig Empfehlungs-Anlässe, um planbar und verlässlich Empfehlungen zu erhalten?

nicht erfolgreich			teilweise erfolgreich				sehr erfolgreich		
1	2	3	4	5	6	7	8	9	10

Wie erfolgreich nutzt du digitale Empfehlungs-Systeme, um das Empfehlen für deine Kunden einfach zu machen?

nicht erfolgreich			teilweise erfolgreich				sehr erfolgreich		
1	2	3	4	5	6	7	8	9	10

Wie erfolgreich nutzt du Empfehler-Motivations-Systeme, um deinen Empfehlern zu danken und diese zu weiteren Empfehlungen zu motivieren?

nicht erfolgreich			teilweise erfolgreich				sehr erfolgreich		
1	2	3	4	5	6	7	8	9	10

Wie erfolgreich nutzt du Incentivierungen, um noch mehr Empfehlungen zu erhalten?

nicht erfolgreich			teilweise erfolgreich				sehr erfolgreich		
1	2	3	4	5	6	7	8	9	10

Wie erfolgreich hast du deine CRM-Prozesse im Empfehlungs-Marketing digitalisiert und automatisiert?

nicht erfolgreich			teilweise erfolgreich				sehr erfolgreich		
1	2	3	4	5	6	7	8	9	10

Ergebnis des Empfehlungs-Marketings

Wie erfolgreich ist dein Empfehlungs-Marketing?

Zähle jetzt die Punkte der 6 Fragen zusammen und du siehst, wie erfolgreich dein Empfehlungs-Marketing aktuell ist.

nicht erfolgreich	teilweise erfolgreich	sehr erfolgreich
1 bis 18 Punkte	19 bis 42 Punkte	43 bis 60 Punkte

Dieser Schnellcheck gibt dir einen ersten Eindruck, wie erfolgreich das Empfehlungs-Marketing in deinem Unternehmen umgesetzt ist und welche Lösungen du in deinem Unternehmen jetzt umsetzen solltest.

Auswertung

1 bis 18 Punkte

Dein Empfehlungs-Marketing ist nicht erfolgreich und du hast dringenden Handlungsbedarf.

19 bis 42 Punkte

Dein Empfehlungs-Marketing ist teilweise erfolgreich. Du hast einige funktionierende Empfehlungs-Prozesse, die du jedoch weiter verbessern solltest.

43 bis 60 Punkte

Herzlichen Glückwunsch, du hast viele Empfehlungs-Prozesse erfolgreich umgesetzt, mit welchen du täglich Empfehlungen erhältst.

Fazit

Das Empfehlungs-Marketing ist eine wichtige Stufe im Kunden-Kreislauf, die dafür verantwortlich ist, dass du deinen Kunden das Empfehlen so einfach machst, um so täglich Empfehlungen zu erhalten.

Aktionsplan

Welche Herausforderungen und Probleme hast du erkannt, die in deinem Unternehmen nicht richtig funktionieren und dafür verantwortlich sind, dass dein Empfehlungs-Marketing noch nicht die gewünschten Ergebnisse erzielt?

1. ______________________________

2. ______________________________

3. ______________________________

4. ______________________________

5. ______________________________

Stufe 8 – Kunden betreuen

Kunden betreuen und pflegen

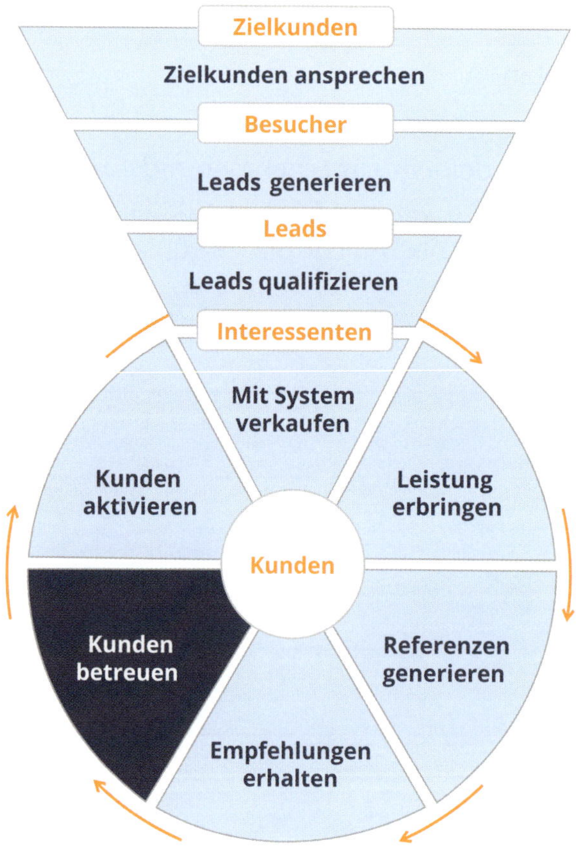

Auf dieser Stufe geht es darum, wie du Kunden regelmäßig betreust und pflegst und so Folge- und Zusatz-Aufträge vorbereitest.

Kundenbetreuung und Pflege sind wichtige Aufgaben in jedem Unternehmen.

Dazu gehören auch die Kunden, für die du in der Vergangenheit gearbeitet hast.

Wir sollten uns auf dieser Stufe bei Bestandskunden **regelmäßig in Erinnerung bringen** und dadurch neuen **Bedarf wecken und verstärken.**

Wir wollen **Ideen geben und Lösungen aufzeigen.**

Und: Wir wollen sicherstellen, dass du von deinen Bestandskunden nicht nur **Folge- oder Zusatzaufträge** erhältst, sondern auch **weitere Bewertungen, Referenzen** und **Empfehlungen.**

All das wird durch eine **gute Kundenbetreuung** verstärkt.

Wie schaut es in der Praxis aus?

Probleme

Die meisten Unternehmen **vernachlässigen ihre Bestandskunden.** Es findet keine konsequente Betreuung und Pflege statt.

Bestandskunden erhalten selten oder nur **unregelmäßig Informationen.** Es gibt keine E-Mail-Newsletter oder E-Mail-Kampagnen, die über Neuigkeiten, ergänzende Produkte und Dienstleistungen informieren.

Bestandskunden werden **nicht zu Events eingeladen.** Häufig gibt es nicht mal Events.

Logischerweise kommt es dadurch nur **vereinzelt zu Folge- oder Zusatzaufträgen.** Schade.

Chancen

Nutze die Chance, deine **Bestandskunden wertzuschätzen.**

Achte darauf, dass du die **Bestandskunden wirklich regelmäßig informierst.**

Wie oft? Mindestens einmal im Monat. Je nach Branche und Zielgruppe auch wöchentlich.

Die Häufigkeit hängt von deiner Zielgruppe, deinem Angebot und deiner Angebots-Treppe ab.

Lade Bestandskunden **regelmäßig zu Events ein,** die emotionalisieren.

Wir veranstalten zum Beispiel jeden Monat ein **Live-Webinar** (Online-Event).

Dies gibt uns die Möglichkeit, **live mit all unseren Bestandskunden** und auch mit aktuellen **Leads** und **Interessenten** zu interagieren und sie zu emotionalisieren.

Das bedeutet: Wir begeistern sie für unser Thema, geben ihnen neue Ideen und wecken ihren Bedarf.

Das Besondere an einem Online-Event ist, dass du es nicht nur zur Kundenbetreuung, sondern auch zur **Leadqualifizierung** nutzen kannst: Wer von den Teilnehmern kommt als Kunde infrage?

Dies kannst du auf diese Weise sehr einfach herausfinden. Und schon bist du wieder einen Schritt weiter in deinem Kunden-System.

Der Event bietet den Leads die gute Gelegenheit, Vertrauen zu dir aufzubauen. Sie erhalten bereits viele wertvolle Informationen und wollen im Anschluss vielleicht direkt ein Setting-Gespräch mit dir vereinbaren.

Einige Kunden, die das Thema Digitalisierung und Automatisierung schon länger vor sich hergeschoben haben, werden durch den Event motiviert: „Jetzt gehe ich das Thema endlich an!"

Und wieder andere, die bereits digitalisiert und automatisiert haben und schon lange mit uns zusammenarbeiten, fühlen sich durch den Event auf ihrem Weg bestärkt, bekommen zusätzliche Ideen und setzen möglicherweise etwas Weiterführendes um, das ihren Unternehmensalltag noch mehr erleichtert.

Du siehst, welche vielen Vorteile sich hinter einem solchen Event verbergen. Und genauso auch für dich!

So entstehen Folgeaufträge, Empfehlungen und Referenzen.

Kundenbetreuung mit System

Kunden-Briefe und -Postkarten

Um deine Kunden gut zu betreuen und zu pflegen, kannst du auch ganz klassisch Kundenbriefe oder Postkarten nutzen.

Beispiel

Eine bewährte Kundenbetreuungs-Strategie ist eine **12-monatige Postkarten-Serie:** Jeden Monat wird ein bestimmtes Thema per Postkarte vorgestellt und mit einem QR-Code auf eine Landingpage verlinkt.

Solche Postkarten-Kampagnen fallen im Zeitalter der Digitalisierung positiv auf und kommen bei Bestandskunden sehr gut an.

Kunden-Zeitungen

Auch in einer Welt, in der E-Mails und Messenger-Nachrichten dominieren, gibt es immer noch klassische Kundenzeitungen.

Im Vergleich zu früher, wo Kundenzeitungen häufig 4-mal pro Jahr versendet wurden, hat sich heute eine Frequenz von 1 bis 2 Ausgaben pro Jahr bewährt.

Gleichzeitig sind die Kundenzeitungen hochwertiger geworden und werden gerne auch als **Report** bezeichnet.

Kunden-E-Mail-Newsletter

Der Klassiker in der Kundenbetreuung ist der E-Mail-Newsletter.

Der E-Mail-Newsletter informiert mindestens einmal monatlich.

Es gibt verschiedene Newsletter-Formate. Besonders bewährt hat sich ein „Thema des Monats“ und dazu passende Angebote.

Ein E-Mail-Newsletter verlinkt meistens auf eine Landingpage mit weiteren Informationen zum Thema des Monats. Neben den Informationen darf der Call-to-Action (die Handlungsaufforderung) nicht fehlen.

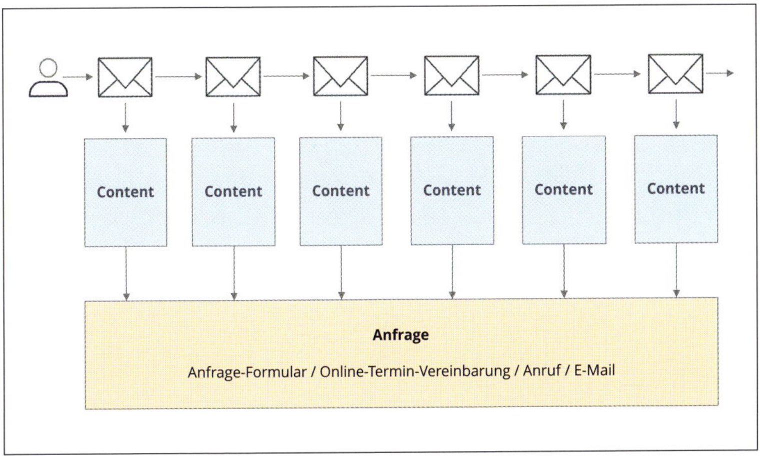

Besonders wirkungsvoll sind an dieser Anfrage-Formulare in Verbindung mit einer Online-Terminvereinbarung.

So generierst du zuerst eine Anfrage und vereinbarst direkt im Anschluss einen Termin.

Diese 2-Schritt-Methode wird gerne verwendet. Du kannst diese Schritte wieder komplett automatisieren.

Jemand, der zum Beispiel nur die Anfrage abschickt, wird mit einer kleinen E-Mail-Kampagne automatisiert so lange erinnert, bis er den Termin vereinbart.

Wichtig ist hier eine gute Balance zwischen Frequenz und Content: Wenn deine Kunden das Gefühl haben, du interessierst dich wirklich für sie und ihre Herausforderungen im Alltag, werden sie deine Kampagnen und Erinnerungen sehr gerne lesen.

„Hartnäckigkeit plus echter Mehrwert" ist das Motto.

Kunden-Events und Webinare

Kunden-Events sind eine großartige Möglichkeit, deine Bestandskunden zu betreuen.

Du solltest unbedingt Kunden-Events einsetzen, um dich regelmäßig und positiv bei deinen Bestandskunden in Erinnerung zu bringen.

Wir sprachen bereits über das monatliche Live-Event, das wir unseren Kunden anbieten.

Hier alle Event-Formate im Überblick, die sich besonders gut für die Kundenbetreuung eignen:

- **Kunden-Webinare**

  Regelmäßige Kunden-Webinare sind eine einfache, praxisbewährte und kostengünstige Strategie, aktuelle Themen vorzustellen und mit Kunden live zu agieren.

- **Tag der offenen Tür**

  Ein Tag der offenen Tür, auch Office-Day genannt, ist ein Format, bei dem du deine Kunden ins eigene Unternehmen einlädst. Idealerweise nutzt du dazu Vorträge, um Neuigkeiten und Angebote vorzustellen.

- **Kunden-Tag**

  Wenn du keine geeigneten Räumlichkeiten hast, dann ist der Kunden-Tag das Richtige für dich. Ein Kunden-Tag ist ein Vortrags-Tag, an dem du Neuigkeiten und Angebote vorstellst. Ein solcher Tag kann im eigenen Unternehmen stattfinden oder in Seminar-Hotels und geeigneten Event-Locations.

- **Konferenzen und Messen**

  Eine Konferenz oder Messe ist ebenfalls eine sehr gute Möglichkeit, deine Bestandskunden zu betreuen. Auch hier gibt es verschiedene Formate. Der Klassiker ist die Einladung an den Messe-Stand. Du kannst auch am Vorabend einen eigenen Event zur Einstimmung auf die Messe beziehungsweise die Konferenz durchführen.

Für jede Art von Kunden-Event gibt es **unterschiedliche Strategien und Systeme.** Daher solltest du prüfen, was am besten zu dir und deinem Unternehmen passt.

Definiere im Vorhinein auch genau deine Ziele: Was bezweckt ihr mit dem Event? Nur so kannst du sicherstellen, dass diese Ziele auch erreicht werden und dein Event ein Erfolg ist.

Glückwünsche und Aufmerksamkeiten

Jeder Kunde freut sich über Glückwünsche zum Geburtstag oder kleine Aufmerksamkeiten.

Mit einem CRM ist es sehr einfach, am Geburtstag eine Glückwunsch-E-Mail automatisiert zu versenden.

Wer einen Schritt weiter gehen will, der lässt sich vom CRM an einen Kunden-Geburtstag erinnern, um persönlich mit einem Anruf zu gratulieren.

Das CRM kann auch ein paar Tage vor dem Geburtstag automatisch die Geburtstags-Daten an einen Dienstleister weitergeben, sodass der rechtzeitige Versand eines Geburtstags-Geschenks ausgelöst wird.

Es muss nicht nur der Geburtstag sein. Es gibt viele saisonale Anlässe, die du nutzen kannst, um dich bei deinen Bestandskunden regelmäßig in Erinnerung zu bringen.

Denn, wie sagt der Volksmund: „Kleine Geschenke erhalten die Freundschaft."

Das CRM in der Kundenbetreuung

Die Automatisierungen in deinem CRM unterstützen dich auch in der Kundenbetreuung und nehmen dir viel Arbeit ab, die du ohne ein CRM nicht erledigen kannst.

- Im CRM erstellst und versendest du automatisiert Briefe und Postkarten.
- Im CRM erstellst und versendest du einen E-Mail-Newsletter.
- Im CRM lädst du zu Kunden-Events und Webinaren ein.
- Im CRM werden Event-Anmeldungen bestätigt und an den Event erinnert.
- Im CRM werden Glückwünsche und Aufmerksamkeiten versendet.

Häufig gemachte Fehler bei der Kundenbetreuung

- **Fehlende Kundenbetreuung und -Pflege**

  Bestandskunden werden komplett vernachlässigt. Es gibt weder Offline- noch Online-Aktivitäten mit bestehenden Kunden.

- **Fehlende Kunden-E-Mail-Newsletter**

  Es wird kein E-Mail-Newsletter genutzt, um Bestandskunden regelmäßig zu informieren, Neuigkeiten vorzustellen und ergänzende Produkte und Leistungen anzubieten.

- **Fehlende Glückwünsche und Aufmerksamkeiten**

  Es werden persönliche Anlässe, wie zum Beispiel der Geburtstag, Weihnachten oder Neujahr, nicht genutzt, um wieder mit Bestandskunden in Kontakt zu treten und sich positiv in Erinnerung zu bringen.

Selbstcheck – Kunden-Betreuung

In diesem Kapitel hast du gelernt, wie wichtig die Kunden-Betreuung im Kunden-Kreislauf ist und mit welchen Lösungen du Folge-Aufträge vorbereitest.

Die nachfolgenden Fragen helfen dir zu überprüfen, wie erfolgreich die Kunden-Betreuung in deinem Unternehmen funktioniert.

Wie erfolgreich nutzt du Briefe, Postkarten und Kunden-Zeitungen, um deine Kunden regelmäßig an dich zu erinnern, Bedarf zu wecken und Folge-Aufträge vorzubereiten?

nicht erfolgreich			teilweise erfolgreich				sehr erfolgreich		
1	2	3	4	5	6	7	8	9	10

Wie erfolgreich nutzt du E-Mail-Newsletter, um deine Kunden regelmäßig an dich zu erinnern, Bedarf zu wecken und Folge-Aufträge vorzubereiten?

nicht erfolgreich			teilweise erfolgreich				sehr erfolgreich		
1	2	3	4	5	6	7	8	9	10

Wie erfolgreich nutzt du Kunden-Events und Webinare, um deine Kunden-Beziehungen zu intensivieren, Bedarf zu wecken und Folge-Aufträge vorzubereiten?

nicht erfolgreich			teilweise erfolgreich				sehr erfolgreich		
1	2	3	4	5	6	7	8	9	10

Wie erfolgreich nutzt du Kundengeburtstage und andere Anlässe für persönliche Glückwünsche, um präsent zu bleiben und dich regelmäßig in Erinnerung zu bringen?

nicht erfolgreich			teilweise erfolgreich				sehr erfolgreich		
1	2	3	4	5	6	7	8	9	10

Wie erfolgreich nutzt du kleine Aufmerksamkeiten und Geschenke, um deine Kunden zu wertschätzen und Folge-Aufträge vorzubereiten.

nicht erfolgreich			teilweise erfolgreich				sehr erfolgreich		
1	2	3	4	5	6	7	8	9	10

Wie erfolgreich hast du deine CRM-Prozesse in der Kundenbetreuung digitalisiert und automatisiert.

nicht erfolgreich			teilweise erfolgreich				sehr erfolgreich		
1	2	3	4	5	6	7	8	9	10

Ergebnis der Kunden-Betreuung

Wie erfolgreich ist deine Kunden-Betreuung?

Zähle jetzt die Punkte der 6 Fragen zusammen und du siehst, wie erfolgreich deine Kunden-Betreuung aktuell ist.

nicht erfolgreich	teilweise erfolgreich	sehr erfolgreich
1 bis 18 Punkte	19 bis 42 Punkte	43 bis 60 Punkte

Dieser Schnellcheck gibt dir einen ersten Eindruck, wie erfolgreich die Kunden-Betreuung in deinem Unternehmen umgesetzt ist und welche Lösungen du in deinem Unternehmen jetzt umsetzen solltest.

Auswertung

1 bis 18 Punkte

Deine Kunden-Betreuung ist nicht erfolgreich und du hast dringenden Handlungsbedarf.

19 bis 42 Punkte

Deine Kunden-Betreuung ist teilweise erfolgreich. Du hast einige funktionierende Kunden-Aktivierungs-Prozesse, die du jedoch weiter verbessern solltest.

43 bis 60 Punkte

Herzlichen Glückwunsch, du hast viele erfolgreiche Kunden-Betreuungs-Prozesse erfolgreich umgesetzt und wirst viele Folge- und Zusatz-Aufträge vorbereiten.

Fazit

Die Kunden-Betreuung ist eine wichtige Stufe im Kunden-Kreislauf, die dafür verantwortlich ist, dass du planbar Folge- und Zusatz-Aufträge vorbereitest.

Aktionsplan

Welche Herausforderungen und Probleme hast du erkannt, die in deinem Unternehmen nicht richtig funktionieren und dafür verantwortlich sind, dass deine Kunden-Betreuung noch nicht die gewünschten Ergebnisse erzielt?

1. ____

2. ____

3. ____

4. ____

5. ____

Stufe 9 – Kunden aktivieren

Vom Erstkunden zum Stammkunden

Auf dieser Stufe geht es darum, systematisch Folge- und Zusatz-Aufträge zu verkaufen, die den Nutzen für den Kunden erhöhen und so den **Erstkunden in einen Stammkunden verwandeln.**

Ziele der Kunden-Aktivierung: die Kunden regelmäßig zu betreuen und zu pflegen, Kunden-Kampagnen zu nutzen, um planbar und verlässlich Folge-Aufträge zu erhalten und die Kundenbeziehung weiter auszubauen.

Wie schaut es in der Praxis aus?

Probleme

Die meisten Unternehmen führen nur sehr **unregelmäßig Kunden-Gespräche** mit Bestandskunden durch. Ein großes Potenzial für Folge-Aufträge bleibt so ungenutzt.

Häufig **fehlen spezielle Bestandskunden-Angebote.**

Es gibt keine **Up- und Cross-Selling-Systeme.**

Nicht verwunderlich, dass es da nur **gelegentlich zu Folge- und Zusatz-Aufträgen kommt.**

Chancen

Wenn du es richtig machen willst, solltest du deine **Bestandskunden regelmäßig aktivieren.**

Aktivieren bedeutet, Kunden aktiv anzusprechen, zum Beispiel so:

„Lieber Kunde, **wie zufrieden** waren Sie mit Ihrem letzten Kauf bei uns? Gibt es etwas, das wir verbessern können, oder weitere Produkte/Dienstleistungen, die Sie interessieren würden? Wir hätten da zum Beispiel gerade folgendes Angebot …“

„Haben Sie schon unsere **neuesten Produkte/Dienstleistungen** gesehen? Wir haben einige spannende Angebote, die perfekt zu Ihren früheren Käufen passen könnten. Darf ich Ihnen mehr darüber erzählen?"

„Es ist schon eine Weile her, dass Sie bei uns das Produkt X oder die Dienstleistung Y gekauft haben. Wie geht es Ihnen damit? Können wir Ihnen helfen, die **Nutzung zu optimieren** oder zu erweitern? Unser Team steht Ihnen gerne zur Verfügung, um Ihnen dabei zu helfen, das Beste aus Ihren Einkäufen bei uns herauszuholen."

Wir empfehlen dir auch, **spezielle Angebote für Bestandskunden** einzurichten.

Das Prinzip dahinter: Ein Kunde, der Produkt 1 gekauft hat, erhält ein Angebot für Produkt 2. Ein Kunde, der Produkt 2 gekauft hat, bekommt ein Angebot für Produkt 3 und so weiter.

Tipp: Nutze auch hier **automatisierte Systeme**, die für dich **planbar und messbar Zusatz-Aufträge generieren.**

So kannst du immer wieder Upselling-Kampagnen starten und weitere Bestandskunden-Aufträge generieren.

Stell dir vor, du schickst einmal im Halbjahr eine Upselling-Kampagne an alle Kunden, die Produkt 1 gekauft haben. Bei einer durchschnittlichen Auftragsquote von 15 Prozent verfügst du so über ein **System für planbare Folge- und Zusatz-Aufträge.**

Was kannst du konkret tun?

Kunden-Aktivierung mit System

Bestandskunden-Angebote

Die Einrichtung von Bestandskunden-Angeboten ist das Wichtigste, das du auf dieser Stufe im Kundenkreislauf tun kannst.

Diese Angebote sind ein Grund, warum wir mit vielen Kunden über Jahre hinweg zusammenarbeiten, die sehr zufrieden sind, uns positiv bewerten und aktiv weiterempfehlen.

Wenn du Angebote hast, die aufeinander aufbauen, solltest du sie in Form einer **Angebots-Treppe** anbieten.

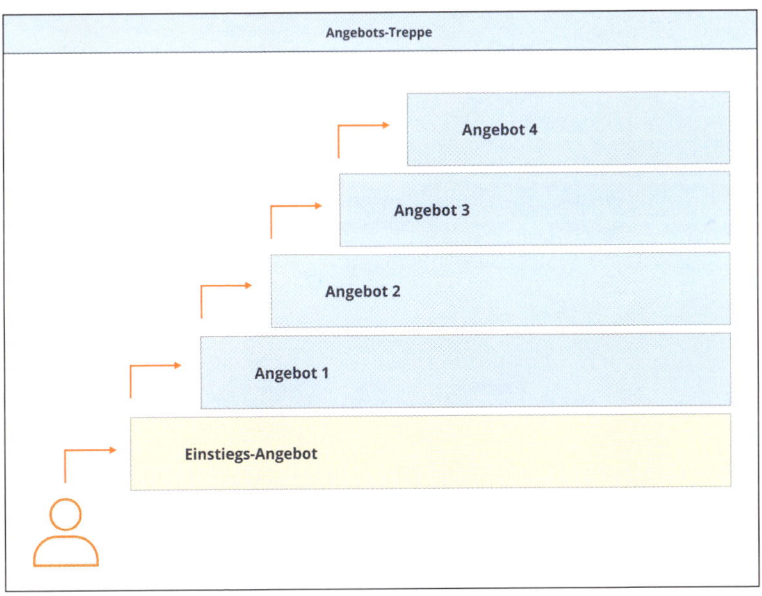

Ein Beispiel

Einstiegs-Angebot: Buch

Angebot 1: 1-tägiges Seminar
Angebot 2: 1-tägiger Umsetzungs-Workshop
Angebot 3: 12-monatige Umsetzungs-Begleitung
Angebot 4: Mastermind

Bauen deine Angebote nicht aufeinander auf, das heißt, können die Kunden **unterschiedliche Zusatz-Angebote** bei dir kaufen, solltest du deine Angebote als **Angebots-Kreislauf** anbieten.

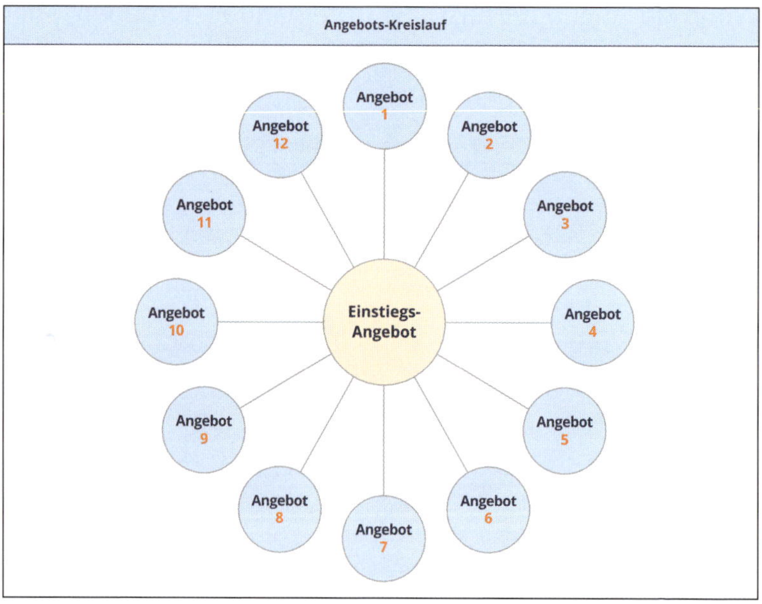

Ein Beispiel:

Einstiegs-Angebot: Private Krankenversicherung

Angebot 1: Berufsunfähigkeits-Versicherung
Angebot 2: Hausrat-Versicherung

Angebot 3: Elementar-Versicherung
Angebot 4: Unfall-Versicherung
Angebot 5: KFZ-Versicherung
Angebot 6: Vermögenshaftpflicht-Versicherung
Angebot 7: Elektronik-Versicherung
Angebot 8: Cybersecurity-Versicherung

Beide **Angebots-Systeme** stellen sicher, dass du **für Bestandskunden die richtigen Angebote hast.**

Im nächsten Schritt müssen wir diese Angebote verkaufen und dazu nutzen wir Up- und Cross-Selling-Kampagnen.

Up- und Cross-Selling-Kampagnen

Das Ziel ist auch hier wieder ein System, mit dem du planbar und verlässlich Bestandskunden-Aufträge generierst.

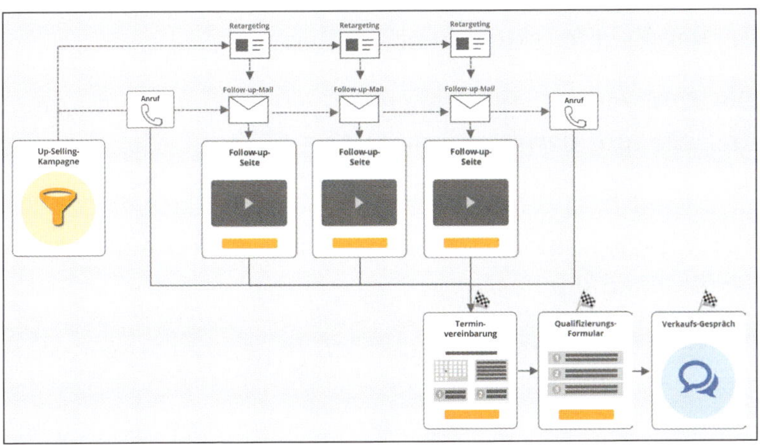

Abbildung: Up-Selling-Kampagne mit Terminvereinbarung

Stelle dir eine Up-Selling-Kampagne vor, in der alle Kunden einmal im Halbjahr, einmal im Quartal oder sogar einmal im Monat eine E-Mail-Kampagne erhalten, in der ihnen ein passendes Folge- und Zusatz-Angebot verkauft wird. Und jedes Mal, wenn du diese Kampagne startest, kauft aus der Gruppe der Bestandskunden ein Prozentsatz X.

Was würde das für dich bedeuten?

Wieder hast du ein System geschaffen, das planbar und verlässlich Umsatz für dich generiert.

Du kannst frei entscheiden, in welchen Abständen die Kampagne gestartet wird.

Bestandskunden-Anrufe

Rufst du deine Kunden regelmäßig an, zum Beispiel einmal oder zweimal im Jahr?

Die Zahlen unserer Kunden bestätigen uns, dass du im Durchschnitt 5 Anrufe brauchst, um einen Folge-Auftrag bei den Bestandskunden abzuholen.

Die Zahl variiert von Branche zu Branche, doch sie zeigt uns, wie umsatzrelevant diese Anrufe sind.

Bestimmt hast du es selbst schon erlebt, dass ein Kunde zu dir gesagt hat: „Gut, dass du anrufst, ich brauche gerade dieses und jenes."

Du kannst das Gespräch mit den folgenden Fragen starten:

- „Wie ist es Ihnen mit dem Produkt ergangen, das Sie bei uns erworben haben?"
- „Was hat sich seit Ihrer Teilnahme am Seminar verändert?"

Diese Frage zeigt dein **Interesse am Nutzen für den Kunden** und ermöglicht es dir, herauszufinden, ob deine Kunden weiterhin von deinem Produkt oder deiner Dienstleistung profitieren.

- „Welche Veränderungen oder Herausforderungen gibt es seit unserem letzten Kontakt, bei denen ich Ihnen helfen kann?"

Durch diese Frage zeigst du, dass du **bereit bist, Unterstützung anzubieten,** und gibst deinen Kunden die Möglichkeit, eventuelle Probleme oder Bedenken zu äußern.

- „Wie konnten Sie bisher von der Zusammenarbeit mit uns profitieren?"

Diese Frage erinnert die Kunden an **positive Erfahrungen,** die sie mit deinem Unternehmen gemacht haben, und **stärkt das Vertrauen** in deine Marke.

- „Welche neuen Projekte oder Ziele gibt es, an denen Sie gerade arbeiten, bei denen wir Ihnen behilflich sein können?"

Durch diese Frage erkennst du Möglichkeiten, deine **Produkte oder Dienstleistungen weiter anzupassen** oder **zusätzlichen Nutzen** zu bieten, der den aktuellen Wünschen und Bedürfnissen deiner Kunden entspricht.

Denke immer daran: Du möchtest die Beziehung zu deinen Kunden mit diesen Anrufen **wieder aktivieren und stärken.**

Daher ist es wichtig, dass du den **Kunden zuhörst** und **auf ihre Antworten eingehst.** So wirkst du empathisch und hast die Chance auf einen interessanten Folge- oder Zusatz-Auftrag, der bedarfsorientiert ist und echten Nutzen für deine Kunden bietet.

Rufe deine Kunden regelmäßig an. Es lohnt sich.

Kunden-Jahres-Gespräche

Führst du mit deinen Kunden schon Jahresgespräche?

Jahres-Gespräche sind eine tolle Möglichkeit, mit den Kunden das letzte Jahr Revue passieren zu lassen und die Ziele für das nächste Jahr zu besprechen.

Auch aus solchen Gesprächen ergeben sich meistens Folge- und Zusatz-Aufträge.

Kunden-Jahres-Check

Ein weiteres sehr gutes Kunden-Aktivierungs-System ist ein **Status-Check.** Ein Status-Check ist ein Online-Fragebogen, der von einem Bestandskunden einmal im Jahr ausgefüllt wird.

In diesem Check bewertet der Kunde anhand von Fragen seine aktuelle Situation. Im Anschluss erhält er eine Auswertung des Fragebogens und kann klar erkennen, in welchen Bereichen er sich verbessert hat und wo er noch Verbesserungs-Potenzial hat.

Das CRM-System in der Kunden-Aktivierung

Auch auf dieser Stufe ist das CRM das entscheidende System, in dem alles zusammenläuft.

- Das CRM steuert Kunden-Aktivierungs-Kampagnen.
- Das CRM segmentiert Kunden nach bereits gekauften Produkten und Leistungen.
- Das CRM führt Up- und Cross-Selling-Kampagnen durch.
- Das CRM erstellt dynamische Wiedervorlagen für Kunden-Anrufe.
- Das CRM lädt Kunden zum Jahres-Check ein und wertet die Checks aus.

Häufig gemachte Fehler bei der Kunden-Aktivierung

- **Fehlende Angebots-Systeme für Bestandskunden**

  Es fehlt eine Angebots-Treppe oder ein Angebots-Kreislauf mit passenden Angeboten für Bestandskunden. Wer keine passenden Angebote hat, kann nichts verkaufen.

- **Fehlende Up- und Cross-Selling-Kampagnen**

  Es gibt keine automatisierten Kampagnen, mit denen den Kunden regelmäßig Folge- und Zusatz-Aufträge verkauft werden.

- **Fehlende Kunden-Anrufe**

  Bestandskunden werden nicht regelmäßig aktiv angerufen. Es wird sich nicht über die Ergebnisse und den Nutzen der bisher gekauften Angebote erkundigt und es werden auch keine Folge-Aufträge angeboten.

Selbstcheck – Kunden-Aktivierung

In diesem Kapitel hast du gelernt, wie wichtig die Kunden-Aktivierung im Kunden-Kreislauf ist und mit welchen Lösungen du Folge-Aufträge erzielst.

Die nachfolgenden Fragen helfen dir zu überprüfen, wie erfolgreich die Kunden-Aktivierung in deinem Unternehmen funktioniert.

Wie erfolgreich nutzt du Kunden-Aktivierungs-Kampagnen, um von Bestandskunden Folge-Aufträge zu erhalten?

nicht erfolgreich			teilweise erfolgreich				sehr erfolgreich		
1	2	3	4	5	6	7	8	9	10

Wie erfolgreich nutzt du Kunden-Anrufe, um bei Bestandskunden planbar Folge-Aufträge abzuholen?

nicht erfolgreich			teilweise erfolgreich				sehr erfolgreich		
1	2	3	4	5	6	7	8	9	10

Wie erfolgreich nutzt du Up- und Cross-Selling-Kampagnen, um von Bestandskunden planbar Folge-Aufträge abzuholen?

nicht erfolgreich			teilweise erfolgreich				sehr erfolgreich		
1	2	3	4	5	6	7	8	9	10

Wie erfolgreich nutzt du Kunden-Jahres-Gespräche, um von Bestandskunden planbar Folge-Aufträge abzuholen?

nicht erfolgreich			teilweise erfolgreich				sehr erfolgreich		
1	2	3	4	5	6	7	8	9	10

Wie erfolgreich nutzt du Kunden-Jahres-Checks, um von Bestandskunden planbar Folge-Aufträge abzuholen?

nicht erfolgreich			teilweise erfolgreich				sehr erfolgreich		
1	2	3	4	5	6	7	8	9	10

Wie erfolgreich hast du deine CRM-Prozesse in der Kunden-Aktivierung digitalisiert und automatisiert.

nicht erfolgreich			teilweise erfolgreich				sehr erfolgreich		
1	2	3	4	5	6	7	8	9	10

Ergebnis der Kunden-Aktivierung

Wie erfolgreich ist deine Kunden-Aktivierung?

Zähle jetzt die Punkte der 6 Fragen zusammen und du siehst, wie erfolgreich deine Kunden-Aktivierung aktuell ist.

nicht erfolgreich	teilweise erfolgreich	sehr erfolgreich
1 bis 18 Punkte	19 bis 42 Punkte	43 bis 60 Punkte

Dieser Schnellcheck gibt dir einen ersten Eindruck, wie erfolgreich die Kunden-Aktivierung in deinem Unternehmen umgesetzt ist und welche Lösungen du in deinem Unternehmen jetzt umsetzen solltest.

Auswertung

1 bis 18 Punkte

Deine Kunden-Aktivierung ist nicht erfolgreich und du hast dringenden Handlungsbedarf.

19 bis 42 Punkte

Deine Kunden-Aktivierung ist teilweise erfolgreich. Du hast einige funktionierende Kunden-Aktivierungs-Prozesse, die du jedoch weiter verbessern solltest.

43 bis 60 Punkte

Herzlichen Glückwunsch, du hast viele erfolgreiche Kunden-Aktivierungs-Prozesse erfolgreich umgesetzt und wirst viele Folge- und Zusatz-Aufträge erhalten.

Fazit

Die Kunden-Aktivierung ist eine wichtige Stufe im Kunden-Kreislauf, die dafür verantwortlich ist, dass du planbar Folge- und Zusatz-Aufträge erhältst.

Aktionsplan

Welche Herausforderungen und Probleme hast du erkannt, die in deinem Unternehmen nicht richtig funktionieren und dafür verantwortlich sind, dass deine Kunden-Aktivierung noch nicht die gewünschten Ergebnisse erzielt?

1. ____________________

2. ____________________

3. ____________________

4. ____________________

5. ____________________

Das perfekte Kunden-System für dein Unternehmen

In den letzten Kapiteln hast du den Neukunden-Funnel für die Neukundengewinnung sowie den Kundenkreislauf für Folge- und Zusatz-Aufträge kennengelernt.

Bestimmt hast du dich bei den einzelnen Stufen im Kunden-System gefragt: Wie könnte das konkret in meinem Unternehmen aussehen?

Jetzt ist es an der Zeit, dein Kunden-System für dein Unternehmen zu erstellen. Fangen wir an.

Ziel-Umsatz definieren

Definiere, welchen Ziel-Umsatz du in diesem Jahr erreichen willst.

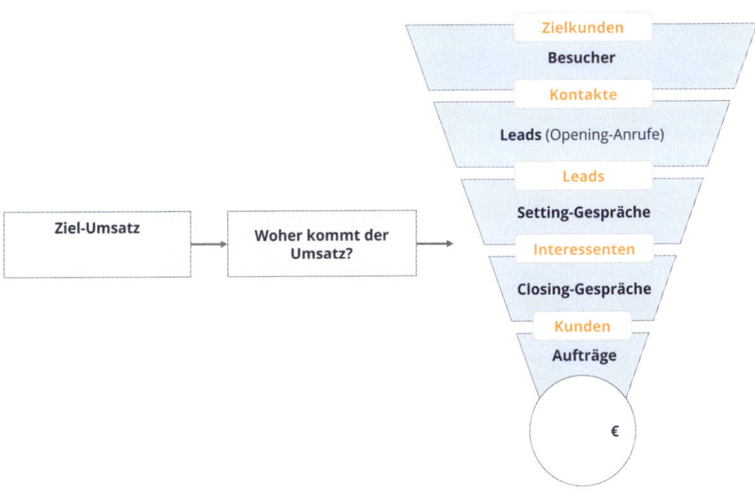

Abhängig von deinem Umsatz-Ziel rechne dir aus, wie viele Aufträge, Closing-Gespräche, Setting-Gespräche und Leads du brauchst.

Kurze Erinnerung: Dieses Thema haben wir im Kapitel „Mit System verkaufen" besprochen.

Wenn du weißt, wie viele Leads, Setting- und Closing-Gespräche du brauchst, um die notwendigen Aufträge für das Umsatz-Ziel zu erreichen, kannst du das Umsetzungs-Konzept erstellen.

Ziel			
Zeitraum (3 bis 12 Monate)	12 Monate		
Umsatz-Ziel	1.000.000 €	Durchschnitts-Auftragswert	10.000 €
Closing-Quote	50%	Closing-Show-up-Quote	90%
Setting-Quote	50%	Setting-Show-up-Quote	90%
Opening-Terminierung-Quote	40%	Opening-Erreichungs-Quote	33%
Ø Anrufversuche, bis Lead erreicht	3,03		

Ziele	**12 Monate**	**Monats-Ziel**	**Wochen-Ziel**	**Tages-Ziel**
Umsatz	1.000.000 €	83.333 €	19.158 €	4.167 €
Aufträge	100	9	2	0
Geführte Closing-Gespräche	200	17	4	1
Vereinbarte Closing-Gespräche	223	19	5	1
Geführte Setting-Gespräche	446	38	9	2
Vereinbarte Setting-Gespräche	496	42	10	2
Geführte Opening-Anrufe	1.240	104	24	5
Anwahlen Opening-Anrufe	3.758	314	73	16
Anzahl benötigter Leads	**1240**	**104**	**24**	**5**

Umsatz-Ziele sicher erreichen mit Systemvertrieb

Der Rechner für die Kalkulation von Umsatz-Zielen ist Bestandteil im Bonus-Bereich zu diesem Buch. Zum Bonus-Bereich gelangst du hier:

www.kunden-mit-system.online/bonus

Maßnahmen-Plan erstellen

Jetzt, wo du weißt, wie viele Aufträge und Gespräche notwendig sind, kannst du die dazu passenden Maßnahmen auswählen.

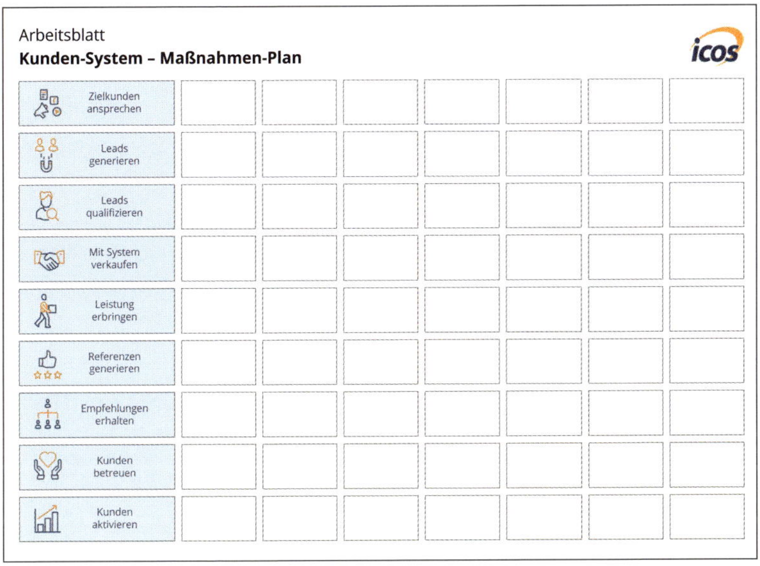

Ich empfehle dir das **Arbeitsblatt „Maßnahmen-Plan – Kunden-System"** zu nutzen, um deine Maßnahmen einzutragen.Das Arbeitsblatt „Maßnahmen-Plan – Kunden-System" findest du im **Bonus-Bereich zum Buch**.

Trage dir für jede Stufe ein, welche Maßnahmen du nutzen möchtest, um die jeweilige Stufe erfolgreich umzusetzen.

Umsetzungs-Konzept „Kunden mit System"

Du hast jetzt dein Umsatz-Ziel definiert und die Maßnahmen für die Umsetzung eingeplant.

Im nächsten Schritt solltest du dein **Umsetzungs-Konzept** erstellen.

Im Umsetzungs-Konzept prüfst du, ob die von dir ausgewählten Maßnahmen bei dir bereits erfolgreich funktionieren, korrigiert werden müssen oder komplett fehlen.

Dazu empfehlen wir dir, die **Maßnahmen** mit **grün** einzufärben, wenn sie erfolgreich funktionieren, mit **orange** einzufärben, wenn sie korrigiert werden müssen, oder mit **rot** einzufärben, wenn diese noch fehlen.

Jetzt siehst du auf einen Blick, wo du stehst und woran du noch arbeiten musst, damit dein Kunden-System funktioniert.

Trage auf der nächsten Seite für jede Stufe des ICOS-Kunden-Systems die Punktzahlen ein, die du erreicht hast und färbe diese entsprechend rot, gelb oder grün ein.

Deine Ergebnisse findest Du hier:

Zielkunden ansprechen – Seite 48

Leads generieren – Seite 68

Leads qualifizieren – Seite 84

Mit System verkaufen – Seite 102

Leistung erbringen – Seite 116

Referenzen generieren – Seite 130

Empfehlungen erhalten – Seite 146

Kunden betreuen – Seite 160

Kunden aktivieren – Seite 176

Zielkunden ansprechen	
Leads generieren	
Leads qualifizieren	
Mit System verkaufen	
Leistung erbringen	
Referenzen generieren	
Empfehlungen erhalten	
Kunden betreuen	
Kunden aktivieren	

Wenn du die Ergebnisse farblich in das Kunden-System überträgst, siehst du sofort wie erfolgreich dein Kunden-System ist und in welchen Bereichen es noch Handlungsbedarf gibt.

Wenn wir Kunden in der Umsetzung begleiten, prüfen wir immer, welche Maßnahmen sich mit wenig Aufwand schnell korrigieren beziehungsweise erstellen lassen. Diese Maßnahmen definieren wir als **Sofort-Maßnahmen,** um sofort schnelle Ergebnisse zu erzielen.

Alle notwendigen Maßnahmen planen wir im **Umsetzungs-Projekt-Plan** ein. Die wichtigsten Umsetzungs-Projekte werden priorisiert und für die nächsten 90 Tage geplant.

Auf diese Weise entsteht für jeden Kunden ein **individuelles Umsetzungs-Konzept** mit:

- **Umsatz-Ziel**
- **Maßnahmen-Plan**
- **Sofort-Maßnahmen**
- **Umsetzungs-Projektplan**
- **90-Tage-Aktionsplan**

So stellen wir sicher, dass unsere Kunden genau wissen, wie sie ihr Umsatz-Ziel sicher erreichen.

Du möchtest auch ein solches Umsetzungs-Gespräch? Dann buche dir dein **kostenfreies Umsetzungs-Gespräch.**

Die Zukunft ist automatisiert – nutze deine Chance!

Herzlichen Dank, dass du dieses Buches über Digitalisierung und Automatisierung bis zum Ende gelesen hast!

Es war uns eine Freude, dich auf dieser Reise durch die Welt der modernen Technologien zu begleiten und dir die zahlreichen Vorteile aufzuzeigen, die sich bieten, wenn du deine Prozesse so weit wie möglich automatisierst.

Lass uns noch einmal gemeinsam die zentralen Vorteile der Automatisierung und Digitalisierung beleuchten:

Umsatzsteigerung: Durch automatisierte Kunden-Systeme steigerst du deinen Umsatz und deinen Profit.

Zeit- und Kosten-Ersparnis: Die Digitalisierung und Automatisierung deiner Prozesse spart sehr viel Zeit und Kosten ein.

Effizienzsteigerung: Durch die Automatisierung von wiederkehrenden Aufgaben sparst du wertvolle Zeit und Ressourcen ein.

Verbesserte Qualität: Automatisierte Prozesse sind weniger fehleranfällig und bieten somit eine konsistente Qualität, die das Vertrauen deiner Kunden stärkt.

Erhöhte Produktivität: Indem du Routinetätigkeiten automatisierst, ermöglichst du dir und deinem Team die Konzentration auf kreative und strategische Aufgaben, die einen echten Mehrwert schaffen.

Wettbewerbsvorteil: Unternehmen, die frühzeitig auf Automatisierung setzen, positionieren sich als Innovatoren und können sich so einen entscheidenden Wettbewerbsvorteil verschaffen.

Nun, da du die zahlreichen Vorteile der Automatisierung kennst, fragst du dich vielleicht, wie du diese in deinem eigenen Unternehmen oder in deinem persönlichen Leben umsetzen kannst.

An dieser Stelle bieten wir dir unsere Unterstützung an.

Als CRM-Experten und offizieller Zoho-Premium-Partner steht uns eine umfassende Software-Lösung zur Verfügung, die es dir ermöglicht, deine Prozesse effizient und nahtlos zu automatisieren.

Vom KI-gestützten CRM über die Optimierung deiner Prozesse bis hin zur Automatisierung von Kampagnen zur Neukundengewinnung und zur Leistungserbringung sowie zur Kundenbetreuung und vielem mehr bieten wir dir eine Komplettlösung an, die es so kein zweites Mal auf dem Markt gibt.

Damit hast du alles, was du brauchst, um die Vorteile der Automatisierung voll für dich und dein Unternehmen auszuschöpfen.

Du profitierst bei uns von:

- Best-Practice-Lösungen und technischer Umsetzung aus einer Hand,
- Erfahrung aus 30 Jahren Marketing-, Online-Marketing- und Vertriebs-Beratung,

- standardisierten Marketing-, Online-Marketing- und Vertriebs-Prozessen für schnelle Ergebnisse,
- praxisbewährten Standardlösungen für wiederkehrende Abläufe und Prozesse, die Zeit und Kosten einsparen,
- individuellen Lösungen, maßgeschneidert auf deine Anforderungen und Bedürfnisse.
- Vertrauen ist der Anfang.

Das sagen Kunden über die Zusammenarbeit mit uns

Thomas macht seinen Job wirklich richtig gut! Ich habe selten jemanden gesehen, der fachliche Inhalte so gut verständlich präsentiert und die Teilnehmer gleichzeitig mit einbindet.

21.11.2023 Lucas Hügerich

Der Workshop „So verkauft man heute" war eine außergewöhnliche Erfahrung, die ich niemals vergessen werde. Es war bei weitem der Beste, an dem ich je teilgenommen habe, eine echte Bereicherung in meinem beruflichen und persönlichen Wachstum. Der ganze Workshop war gefüllt mit wertvollen Erkenntnissen und inspirierenden Interaktionen, die mich sowohl herausgefordert als auch unterstützt haben. Ich kann ihn absolut und ohne Vorbehalte empfehlen. Ich bin dankbar für diese Erfahrung und kann jedem, der nach einer echten, bereichernden Lernerfahrung sucht, nur wärmstens empfehlen, an diesem Workshop teilzunehmen.

21.11.2023 Patrick Beck

Absolut bemerkenswert war Thomas' Fähigkeit, das komplexe Thema „Wie verkauft man heute" auf so anschauliche Weise zu vermitteln, dass es eine wahre Freude war, ihm zuzuhören. Seine Erklärungen zur „System-Lösung" und insbesondere seine praktische Demonstration der Content-Erstellung mithilfe von ChatGPT haben mir wertvolle Einblicke in moderne Verkaufsstrategien gegeben. Thomas' Seminar war eine inspirierende und lehrreiche

Erfahrung, die mein Verständnis für den Verkaufsprozess erweitert hat und mir konkrete Handlungsschritte aufgezeigt hat, um meine eigenen Verkaufsstrategien zu optimieren. Seine klare Kommunikation und praxisorientierte Ansätze machen ihn zweifellos zu einem herausragenden Experten auf diesem Gebiet.

09.08.2023 Gere Maurer

In den vergangenen Monaten habe ich an unzähligen Webinaren teilgenommen und sehr viel Zeit investiert, um mein Online-Business aufzubauen. Das Ergebnis: Ca. 90 bis 98% meiner Zeit waren reine Zeitverschwendung, weil das Niveau der Inhalte für mich und meine Zielgruppe bei Weitem nicht ausreichend und somit unbrauchbar waren.
Bei dem 2-tägigen Webinar „So verkauft man heute“ mit Thomas Stahl war alles anders:
Ich erlebte in „jeder Minute“ sehr wertvolle Inhalte, perfekte Präsentationen und eine hervorragende Didaktik.
Ein weiteres Highlight waren die zahlreichen Schritt-für-Schritt-Anleitungen. Durch den klaren und verständlichen Aufbau sind sie für die Umsetzungen in der Praxis bestens geeignet.
Zusammenfassung: Dieses Webinar hat mich in jeder Hinsicht begeistert!
Lieber Thomas, nochmals vielen herzlichen Dank für diese wertvolle und spannende Veranstaltung, die ich ohne Einschränkungen sehr gerne weiterempfehlen werde!

13.09.2022 Heinz Kuzio

Der Workshop war voll mit den sogenannten „Aha-Effekten“. Wir haben in den zwei Tagen klar erkannt, wo unsere Defizite sind und haben von Thomas Stahl klare Wege

aufgezeigt bekommen, wie wir diese beheben können. Beeindrucken waren auch die vorgestellten Möglichkeiten Automatisierungen in die Geschäftsprozesse einzubauen. Ein ganz klare Empfehlung!

08.08.2023 Arndt Gerhardts

Das Seminar „So verkauft man heute" der IcosMedia war einfach großartig! Der Verlauf des Seminars war sehr gut strukturiert und die Inhalte waren sehr praxisorientiert. Besonders gut gefallen hat uns die Landing Page, die uns im Vorfeld des Seminars auf alle wichtigen Informationen vorbereitet hat. Die Tipps und Tricks, die wir während des Seminars erhalten haben, waren sehr hilfreich und haben uns gezeigt, wie man heute erfolgreich verkaufen kann. Wir empfehlen das Seminar der IcosMedia jedem, der seine Verkaufsfähigkeiten verbessern möchte.

21.04.2023 Nicole Stehlik

Das Seminar „So verkauft man heute" der IcosMedia ist ein absolutes Muss für jeden Vertriebsmitarbeiter. Besonders beeindruckt haben mich die praxisnahen Beispiele sowie die Vorstellung des ICOS-Kunden-Systems und des ICOS-Kundenkreislaufs. Die Strategie, wie diese Systeme erfolgreich umgesetzt werden können, wurde sehr verständlich und anschaulich vermittelt. Ich kann das Seminar jedem empfehlen, der im Vertrieb tätig ist oder sein Vertriebswissen erweitern möchte. Ein großes Lob an die IcosMedia für die professionelle Durchführung des Seminars.

03.04.2023 Simon Liedigk

2 Tage geballt mit Expertenwissen. Ich fand die 2 Tage ideal um den Schritt in die digitale Welt zu gehen. ICOS steht parat um für die tägliche Praxis Tipps und Hilfestellung zu geben. Ich freue mich auf die aktive Begleitung.

29.03.2023 Claus Nagel

Ich kann das Seminar „So verkauft man heute" von ICOS uneingeschränkt weiterempfehlen. Es war äußerst informativ und hat mir gezeigt, wie man als Unternehmerin in der heutigen Zeit erfolgreich sein kann. Besonders gut gefallen hat mir, dass Thomas Stahl aufgezeigt hat, wie man durch die Schaffung von Standards und die Digitalisierung von Abläufen effizienter arbeiten und dadurch mehr Zeit für die Kundenbetreuung gewinnen kann. Auch die Tipps zur Verbesserung des Workflows waren sehr hilfreich.
Herr Stahl ist ein ausgesprochen kompetenter und engagierter Seminarleiter, der es versteht, sein Wissen praxisnah und verständlich zu vermitteln.

25.03.2023 Sabine Holzmann

Icos liefert sehr viel mehr, als man erwartet. Ob in Webinaren oder den Programmen. Man bekommt viele hilfreiche Tipps und sofort umsetzbare Hilfestellungen an die Hand, mit denen man umgehend ins Tun kommt. Hier ist der Name Programm „So verkauft man heute" zeigt nicht nur, was state of the art ist, sondern gibt auch vorausschauende Einblicke in neue Technologien. Vielen Dank für die sehr gute Veranstaltung. Icos empfehle ich gerne weiter.

24.03.2023 Christine Hartmann

Mit Thomas Stahl und seinem Team ist man durch sein fundamentales Know-How und seine anschaulichen und ausführlichen Präsentationen gut aufgehoben. Bei der ICOS geht es im Wesentlichen darum, das erlernte Wissen in die Umsetzung zu bringen. Kann ich auf jeden Fall empfehlen.

14.02.2023 Christian Schott

Ich habe das Seminar „So verkauft man heute" von IcosMedia gebucht und war begeistert. Besonders gut gefallen hat mir die Verwendung von KI als unterstützendes Werkzeug sowie die Möglichkeit, die Erfolge messbar zu machen. Ich bin überzeugt, dass ich durch dieses Seminar meine Verkaufszahlen erheblich steigern kann. Daher kann ich IcosMedia nur empfehlen.

14.02.2023 Rainer Mächtlen

ICOS weiss worüber sie sprechen und das so anwenderorientiert.
Herr Stahl hat eine tolle Gabe, Antworten sofort zu geben, kompakt, präzisse und praktischnah ohne dass dadurch der rote Faden verloren geht.
Das ist schon großes Kino - von der ersten bis zur letzten Minute fesselt der Workshop.
Genial auch das Tool, denn es betrachtet den Prozess für den maximalen Nutzen - ein abgestimmtes synergetisches Miteinander für den maximalen effizienten Prozess

06.12.2023 Michael Schurr

Während des Workshops wurde klar ersichtlich, dass ICOS nicht nur ein außerordentliches Verständnis für das Zoho CRM System und andere Zoho-Produkte besitzt, sondern

auch die Anforderungen seiner Kunden perfekt umsetzen kann. Darüber hinaus wurde die Beratungsqualität des Unternehmens bei der Gestaltung von Marketing- und Vertriebsprozessen deutlich.

06.12.2023 Dirk Wilberg

Kompetenz durch die langjährige Erfahrung. Gute Mischung von Theorie und praktischer Umsetzung im System.

04.11.2023 Dietmar Breyer

Ich erlebe mit icos und Thomas Stahl eine top kompetente Beratung, eine sehr strukturierte Vorgehensweise und erhalte am Laufenden Band grandiose Impulse und Ideen, wie ich mein eigenes Business weiterentwickeln kann.
Es wird nicht nur an der Oberfläche gekratzt, sondern die Beratung ist sehr tiefgehend und wird mit vielen Praxis Anwendungsbeispielen untermauert. 100% Weiterempfehlung.

28.10.2022 Thomas Fuchs

Thomas Stahl holt jeden beim individuellen Standpunkt ab. Jeder hat damit die Chance, direkt einen Schritt weiter zu kommen. Der Motivationsschub ist gigantisch und die Umsetzung wird begleitet.

27.10.2022 Susanne Sartorius

Der Workshop „Das perfekt digitalisierte Unternehmen - Kunden gewinnen und binden mit Zoho" hat mir viele wirkungsvolle und leicht umzusetzende Anregungen gegeben, wie ich mein Unternehmen mit Zoho digitalisieren

und automatisieren kann und so wertvolle Zeit und Geld sparen kann.
Diesen Workshop empfehle ich Solo-Selbstständigen sowie Klein- und mittelständischen Unternehmen sehr, um den Umsatz zu steigern und Kosten zu senken.

12.09.2022 Reiner Müller

Ich habe den Workshop „Das perfekt digitalisierte Unternehmen" als sehr hilfreich und bereichernd erlebt. Ich schätze besonders die vernetzte Expertise in den Bereichen Marketing, Vertrieb, Technik und Unternehmensaufbau- bzw. weiterentwicklung. Beeindruckt hat mich das umfängliche Wissen zur CRM Lösung „Zoho ONE" und die extrem wertvollen Impulse zur Integration und zur Digitalisierung unseres Unternehmens. Für mich ist ICOS der perfekte Partner, wenn es um die strategische Ausrichtung und die Digitalisierung unseres Unternehmens geht.

02.10.2022 Markus Gruber

Das Seminar „Das perfekt digitalisierte Unternehmen" hat mir sehr weitergeholfen. Aktuell setzen wir bei uns im Unternehmen noch kein CRM-System ein. Das Seminar hat mir gezeigt, dass wir in Zukunft wahrscheinlich nicht drum herum kommen werden. Der einzelne Kunde steht im Mittelpunkt – und das datengetrieben. Man kann das schon über verschiedene Tools und ohne CRM lösen. Dann kommt man aber irgendwann an seine Grenzen. Toll ist, dass man mit Zoho dann eine „All-in-one"-Lösung für einen unschlagbaren Preis hat. Damit braucht man nicht mehr viele verschiedene „Insellösungen". Außerdem merkt man auch, das Thomas und sein Team, das Thema

durchschaut haben und hier echte Experten sind. Hier ist man auf jeden Fall an der richtigen Stelle.

26.09.2022 Timo Kienzle

Schlusswort

Nur wer seine Abläufe und Prozesse digitalisiert, kann Engpässe erkennen und optimieren und schafft so die Voraussetzung für Automatisierung und Skalierung.

Nimm noch heute Kontakt mit uns auf und lass uns gemeinsam deine Zukunft automatisieren!

Mach den ersten Schritt in Richtung Effizienz, Produktivität und Erfolg – wir freuen uns darauf, dich auf deiner Reise zu begleiten.

Du möchtest wissen, wie die Kunden-Systeme in deinem Unternehmen aussehen könnten?

Dann vereinbare ein kostenfreies Umsetzungs-Gespräch, in dem wir über dein Umsetzungs-Konzept sprechen.

Kostenfreies Umsetzungs-Gespräch „Kunden mit System"

Vereinbare jetzt dein kostenfreies Umsetzungs-Gespräch „Kunden mit System", in dem wir mit dir dein Umsetzungs-Konzept erstellen:

www.kunden-mit-system.online/umsetzung

Wir freuen uns darauf, dich kennenzulernen, um dich bei der Digitalisierung und Automatisierung deiner Kunden-Systeme zu unterstützen.

Mit den besten Grüßen,

Florian Stahl und Thomas Stahl

Die Experten für digitale und automatisierte Kunden-Systeme.

Umsetzungs-Begleitung

Bringe die Konzepte des Buches in die Praxis!

Die Umsetzungs-Begleitung bietet dir personalisierte Unterstützung, um die im Buch dargestellten Strategien und Methoden erfolgreich zu implementieren und so deine Ziele sicher zu erreichen.

Unser Angebot:

- **Individuelle Begleitung:** Wir entwickeln mit dir einen maßgeschneiderten Plan, der genau auf deine spezifischen Bedürfnisse und Herausforderungen zugeschnitten ist.
- **Umsetzungs-Programme** für jedes Budget: Wähle das Unterstützungslevel, das am besten zu deinem Unternehmen passt, von Einstiegs-Angeboten bis zu umfassenden Profi-Lösungen.
- **Fortlaufende Unterstützung:** Profitiere von kontinuierlicher Beratung und Betreuung, um sicherzustellen, dass du die besten Ergebnisse erzielst.

Ideal für:

- Unternehmer, die ihre Kunden-Systeme verbessern möchten
- Unternehmer, die effiziente Systeme und Prozesse implementieen wollen
- Unternehmer, die nach messbaren Verbesserungen in ihrer Arbeitsweise streben

Beginne heute mit der digitalen Transformation! Kontaktiere uns!

Für eine persönliche Beratung und um mehr über unsere verschiedenen Begleitungsangebote zu erfahren, erreichst du uns unter:

E-Mail: kontakt@icosmedia.de

Nutze die Gelegenheit, die Strategien aus „Kunden mit System" wirksam in deinem beruflichen Alltag zu integrieren.

Vorträge, Webinare und Trainings

Verstärke die Wirkung deines Events durch einen Experten!

Du erhältst maßgeschneiderte Vorträge, Webinare und Trainings, die deine Teilnehmer motivieren und inspirieren werden.

Unsere Angebote:

Keynote-Vorträge und Webinare, die motivieren und inspirieren.

Workshops, Seminare und Inhouse-Trainings, maßgeschneidert für die Bedürfnisse deines Unternehmens.

Ideal für:

- Firmen-Inhouse-Trainings und Konferenzen
- Verein- und Verbands-Veranstaltungen
- Virtuelle Konferenzen und Meetings

Interessiert an einer Buchung? Kontaktiere uns!

Erfahre mehr über die Vortrags-, Webinar- und Trainingsthemen und buche deinen nächsten inspirierenden Redner bzw. Speaker. Du erreichst uns unter:

E-Mail: kontakt@icosmedia.de

Mach dein nächstes Event unvergesslich mit einem Vortrag, Webinar oder Training.

Sondereditionen

Gestalte dein eigenes Exemplar von „Kunden mit System"!

Wir bieten exklusive, gebrandete Versionen von „Kunden mit System", die perfekt auf dein Unternehmen bzw. deine Organisation zugeschnitten sind.

Unsere speziellen Angebote umfassen:

- Dein Logo und deine Unternehmensfarben auf dem Cover
- Ein Vorwort oder eine Widmung deiner Wahl
- Spezielle Inhaltsanpassungen, die auf dein Unternehmen, deine Branche oder spezifische Bedürfnisse abgestimmt sind

Ideal für:

- Kunden-, Mitarbeiter- oder Mitgliedergeschenke
- Konferenzen und Fachveranstaltungen

Interessiert? Kontaktiere uns!

Für eine persönliche Beratung und ein individuelles Angebot erreichst du uns unter:

E-Mail: kontakt@icosmedia.de

Wir freuen uns darauf, gemeinsam mit dir eine maßgeschneiderte Lösung zu entwickeln.

Großbestellungen zu Vorzugspreisen

Profitiere von unseren attraktiven Rabatten bei Bestellungen in größerer Stückzahl. Je mehr du bestellst, desto mehr sparst du!

Interessiert? Kontaktiere uns!

Für eine persönliche Beratung und ein individuelles Angebot erreichst du uns unter:

E-Mail: kontakt@icosmedia.de

Wir freuen uns darauf, gemeinsam mit dir eine maßgeschneiderte Lösung zu entwickeln.